Pierre Corneille

Médée (1635)
suivi d'une anthologie sur le mythe de Médée

Texte intégral suivi d'un dossier critique
pour la préparation du bac français

Collection dirigée par
Johan Faerber

Édition annotée et commentée par
Johan Faerber
Certifié de lettres modernes, docteur ès lettres

Médée

- 7 Épître de Corneille à Monsieur P.T.N.G.
- 9 Examen
- 17 Acte premier
- 37 Acte II
- 56 Acte III
- 71 Acte IV
- 90 Acte V

Anthologie sur le mythe de Médée

- 110 **L'histoire de Médée**
- 113 **Médée dans l'histoire**
- 117 Euripide, *Médée* (431 av. J.-C.)
- 119 Ovide, *Les Héroïdes* (15 av. J.-C.)
- 121 Sénèque, *Médée* (60 ap. J.-C.)
- 126 Jean de La Péruse, *Médée* (1553)
- 129 Philippe Quinault, *Thésée* (1675)
- 132 Thomas Corneille, *Médée* (1693)
- 137 André Chénier, *Bucoliques* (1785-1787)
- 139 José-Maria de Heredia, *Les Trophées* (1893)
- 140 Catulle Mendès, *Médée* (1898)
- 144 Jean Anouilh, *Médée* (1946)
- 147 Laurent Gaudé, *Médée Kali* (2003)
- 148 Pascal Quignard, *Medea* (2011)

© Hatier Paris 2013 – ISBN 978-2-218-96664-4

Conception graphique de la maquette: c-album, Jean-Baptiste Taisne, Rachel Pfleger (texte);
Lauriane Tiberghien (dossier) • Mise en pages: Chesteroc Ltd • Suivi éditorial: Charlotte Monnier.

Le dossier

REPÈRES CLÉS

POUR SITUER L'ŒUVRE

- 155 **Corneille, un destin théâtral**
- 159 ***Médée*, pièce maudite ?**

FICHES DE LECTURE

POUR APPROFONDIR SA LECTURE

- 163 **Une tragédie entre baroque et classicisme**
- 169 **Les personnages : monstres, criminels et héros**
- 176 ***Médée* ou la naissance du dilemme cornélien**

OBJECTIF BAC

POUR S'ENTRAÎNER

| SUJETS D'ÉCRIT |

- 180 SUJET 1 ♦ Violence et passion
- 182 SUJET 2 ♦ Parler et agir sur scène

| SUJETS D'ORAL |

- 184 SUJET 1 ♦ Une scène d'exposition tragique
- 185 SUJET 2 ♦ Un dénouement sans pitié

| LECTURE DE L'IMAGE |

- 186 DOC. 1 ♦ **GUSTAVE MOREAU**, *Jason et Médée* (1865)
- 187 DOC. 2 ♦ **PIER PAOLO PASOLINI**, *Médée* (1969)

Médée

Tragédie

Épître[1] de Corneille
à Monsieur P.T.N.G.[2] (1639)

Monsieur,

Je vous donne *Médée*, toute méchante[3] qu'elle est, et ne vous dirai rien pour sa justification[4]. Je vous la donne pour telle que vous la voudrez prendre, sans tâcher à prévenir ou violenter vos sentiments par un étalage des préceptes[5] de l'art, qui doivent être fort mal entendus[6] et fort mal pratiqués quand ils ne nous font pas arriver au but que l'art se propose. Celui de la poésie dramatique[7] est de plaire, et les règles qu'elle nous prescrit ne sont que des adresses[8] pour en faciliter les moyens au poète, et non pas des raisons qui puissent persuader aux spectateurs qu'une chose soit agréable quand elle leur déplaît. Ici vous trouverez le crime en son char de triomphe, et peu de personnages sur la scène dont les mœurs ne soient plus mauvaises que bonnes ; mais la peinture et la poésie ont cela de commun, entre beaucoup d'autres choses, que l'une fait souvent de beaux

---

1. Épître : lettre qui prend la forme d'une longue dédicace en début de livre.
2. On ignore ici à qui Corneille s'adresse. Peut-être s'agit-il d'une personne fictive.
3. Méchante : personne d'une très grande cruauté.
4. Pour sa justification : afin de justifier ses actes.
5. Préceptes : ici règles et recommandations pour composer une œuvre.
6. Entendus : compris.
7. Poésie dramatique : théâtre versifié.
8. Adresses : moyens habiles.

portraits d'une femme laide, et l'autre de belles imitations d'une action qu'il ne faut pas imiter. Dans la portraiture[1], il n'est pas question si un visage est beau, mais s'il ressemble ; et dans la poésie, il ne faut pas considérer si les mœurs sont vertueuses[2], mais si elles sont pareilles à celles de la personne qu'elle introduit. Aussi nous décrit-elle indifféremment les bonnes et les mauvaises actions, sans nous proposer les dernières pour exemple ; et si elle nous en veut faire quelque horreur, ce n'est point par leur punition, qu'elle n'affecte pas de nous faire voir, mais par leur laideur, qu'elle s'efforce de nous représenter au naturel. Il n'est pas besoin d'avertir ici le public que celles de cette tragédie ne sont pas à imiter : elles paraissent assez à découvert pour n'en faire envie à personne. Je n'examine point si elles sont vraisemblables ou non : cette difficulté, qui est la plus délicate de la poésie, et peut-être la moins entendue, demanderait un discours trop long pour une épître : il me suffit qu'elles sont[3] autorisées ou par la vérité de l'histoire, ou par l'opinion commune des anciens[4]. Elles vous ont agréé[5] autrefois sur le théâtre ; j'espère qu'elles vous satisferont encore aucunement[6] sur le papier[7], et demeure,

Monsieur,
Votre très humble serviteur,
Corneille.

---

1. Portraiture : art de faire des portraits.
2. Vertueuses : disposées à faire de bonnes actions.
3. Sont : soient.
4. Anciens : auteurs de l'Antiquité grecque et latine.
5. Agréé : plu.
6. Aucunement : jusqu'à un certain point.
7. Adresse publiée en 1639 à l'occasion de la parution de *Médée* en librairie quatre ans après la première représentation (1635).

Examen (1660)[1]

Cette tragédie a été traitée en grec par Euripide[2], et en latin par Sénèque[3]; et c'est sur leur exemple que je me suis autorisé à en mettre le lieu dans une place publique, quelque peu de vraisemblance qu'il y ait à y faire parler des rois, et à y voir Médée prendre les desseins[4] de sa vengeance. Elle en fait confidence, chez Euripide, à tout le chœur[5], composé de Corinthiennes[6] sujettes de Créon[7], et qui devaient être du moins au nombre de quinze, à qui elle dit hautement qu'elle fera périr leur roi, leur princesse et son mari, sans qu'aucune d'elles ait la moindre pensée d'en donner avis à ce prince.

Pour Sénèque, il y a quelque apparence[8] qu'il ne lui fait pas prendre ces résolutions violentes en présence du chœur, qui n'est pas toujours sur le théâtre, et n'y parle jamais aux autres acteurs; mais je ne puis comprendre comme, dans son quatrième acte, il lui fait achever ses enchantements en place

---

1. Corneille revient en 1660 sur l'ensemble de ses premières pièces afin de les préfacer et de porter un jugement rétrospectif sur leurs qualités et défauts.
2. Euripide: dramaturge de l'Antiquité grecque (480 av. J.-C. – 406 av. J.-C.), auteur de *Médée* (431 av. J.-C.).
3. Sénèque: dramaturge de l'Antiquité latine (4 av. J.-C. – 65 ap. J.-C.), auteur de *Médée* (60 ap. J.-C.).
4. Desseins: projets.
5. Chœur: dans la tragédie antique, groupe de personnages qui représente la population et qui, au début de la pièce et à intervalles réguliers, intervient pour résumer le contexte et l'action.
6. Corinthiennes: citoyennes de Corinthe, importante cité de la Grèce antique où se déroule la pièce.
7. Créon: roi de Corinthe.
8. Il y a quelque apparence: on dirait.

publique; et j'ai mieux aimé rompre l'unité exacte du lieu, pour faire voir Médée dans le même cabinet où elle a fait ses charmes[1], que de l'imiter en ce point.

Tous les deux m'ont semblé donner trop peu de défiance[2] à Créon des présents[3] de cette magicienne, offensée au dernier point, qu'il témoigne craindre chez l'un et chez l'autre, et dont il a d'autant plus de lieu de se défier, qu'elle lui demande instamment un jour de délai pour se préparer à partir, et qu'il croit qu'elle ne le demande que pour machiner[4] quelque chose contre lui, et troubler les noces de sa fille.

J'ai cru mettre la chose dans un peu plus de justesse, par quelques précautions que j'y ai apportées : la première, en ce que Créuse[5] souhaite avec passion cette robe que Médée empoisonne, et qu'elle oblige Jason à la tirer d'elle par adresse[6] ; ainsi, bien que les présents des ennemis doivent être suspects, celui-ci ne le doit pas être, parce que ce n'est pas tant un don qu'elle fait qu'un payement qu'on lui arrache de la grâce que ses enfants reçoivent ; la seconde, en ce que ce n'est pas Médée qui demande ce jour de délai qu'elle emploie à sa vengeance, mais Créon qui le lui donne de son mouvement, comme pour diminuer quelque chose de l'injuste violence qu'il lui fait, dont il semble avoir honte en lui-même ; et la troisième enfin, en ce qu'après les défiances que Pollux[7] lui en fait prendre presque par force, il en fait

---

1. Charmes : sortilèges.
2. Défiance : méfiance.
3. Présents : cadeaux.
4. Machiner : comploter.
5. Créuse : fille de Créon.
6. Adresse : moyen habile.
7. Pollux : ami de Jason.

faire l'épreuve sur une autre, avant que de permettre à sa fille de s'en parer[1].

L'épisode d'Égée[2] n'est pas tout à fait de mon invention ; Euripide l'introduit en son troisième acte, mais seulement comme un passant à qui Médée fait ses plaintes, et qui l'assure d'une retraite[3] chez lui à Athènes, en considération d'un service qu'elle promet de lui rendre. En quoi je trouve deux choses à dire : l'une, qu'Égée, étant dans la cour de Créon, ne parle point du tout de le voir ; l'autre, que, bien qu'il promette à Médée de la recevoir et protéger à Athènes après qu'elle se sera vengée, ce qu'elle fait dès ce jour-là même, il lui témoigne toutefois qu'au sortir de Corinthe il va trouver Pitthéus[4] à Trézène[5], pour consulter avec lui sur le sens de l'oracle qu'on venait de lui rendre à Delphes[6], et qu'ainsi Médée serait demeurée en assez mauvaise posture dans Athènes en l'attendant, puisqu'il tarda manifestement quelque temps chez Pitthéus, où il fit l'amour à sa fille Æthra, qu'il laissa grosse[7] de Thésée, et n'en partit point que sa grossesse ne fût constante[8]. Pour donner un peu plus d'intérêt à ce monarque dans l'action de cette tragédie, je le fais amoureux de Créuse, qui lui préfère Jason, et je porte ses ressentiments[9] à l'enlever,

---

1. Se parer : porter un vêtement.
2. Égée : dans la mythologie grecque, roi d'Athènes et époux de Médée qui lui donna un fils, Médos.
3. Retraite : lieu où se retirer.
4. Pitthéus : fils de Pélops et d'Hippodamie, roi de Trézène.
5. Trézène : une des plus importantes cités de la Grèce antique.
6. Delphes : cité où siégeait la Pythie qui, dans la mythologie, annonçait par des phrases énigmatiques le destin des héros.
7. Qu'il laissa grosse : qu'il a mis enceinte.
8. Constante : certaine.
9. Ressentiments : haines.

afin qu'en cette entreprise, demeurant prisonnier de ceux qui la sauvent de ses mains, il ait obligation à Médée de sa délivrance, et que la reconnaissance qu'il lui en doit l'engage plus fortement à sa protection, et même à l'épouser, comme l'histoire le marque.

Pollux est de ces personnages protatiques[1] qui ne sont introduits que pour écouter la narration du sujet. Je pense l'avoir déjà dit, et j'ajoute que ces personnages sont d'ordinaire assez difficiles à imaginer dans la tragédie, parce que les événements publics et éclatants dont elle est composée sont connus de tout le monde, et que s'il est aisé de trouver des gens qui les sachent pour les raconter, il n'est pas aisé d'en trouver qui les ignorent pour les entendre; c'est ce qui m'a fait avoir recours à cette fiction, que Pollux, depuis son retour de Colchos[2], avait toujours été en Asie, où il n'avait rien appris de ce qui s'était passé dans la Grèce, que la mer en sépare. Le contraire arrive en la comédie: comme elle n'est que d'intrigues particulières[3], il n'est rien si facile que de trouver des gens qui les ignorent; mais souvent il n'y a qu'une seule personne qui les puisse expliquer: ainsi l'on n'y manque jamais de confidents quand il y a matière de confidence.

Dans la narration que fait Nérine[4] au quatrième acte, on peut considérer que quand ceux qui écoutent ont quelque chose d'important dans l'esprit, ils n'ont pas assez de patience

---

1. Protatiques: adjectif désignant ce qui appartient à la protase qui est l'exposé de l'intrigue dans une pièce. La protase est souvent effectuée par un personnage étranger au drame.
2. Colchos: célèbre cité de l'Antiquité grecque où Jason vola la Toison d'or.
3. Comme elle n'est que d'intrigues particulières: comme elle n'est constituée que d'intrigues particulières.
4. Nérine: suivante de Médée.

pour écouter le détail de ce qu'on leur vient raconter, et que c'est assez pour eux d'en apprendre l'événement en un mot ; c'est ce que fait voir ici Médée, qui, ayant su que Jason a arraché Créuse à ses ravisseurs, et pris Égée prisonnier, ne veut point qu'on lui explique comment cela s'est fait. Lorsqu'on a affaire à un esprit tranquille, comme Achorée[1] à Cléopâtre dans *La Mort de Pompée*[2], pour qui elle ne s'intéresse que par un sentiment d'honneur, on prend le loisir d'exprimer toutes les particularités ; mais avant que d'y descendre, j'estime qu'il est bon, même alors, d'en dire tout l'effet en deux mots dès l'abord[3].

Surtout, dans les narrations ornées et pathétiques, il faut très soigneusement prendre garde en quelle assiette[4] est l'âme de celui qui parle et de celui qui écoute, et se passer de cet ornement, qui ne va guère sans quelque étalage ambitieux, s'il y a la moindre apparence que l'un des deux soit trop en péril, ou dans une passion trop violente pour avoir toute la patience nécessaire au récit qu'on se propose.

J'oubliais à remarquer que la prison où je mets Égée est un spectacle désagréable, que je conseillerais d'éviter ; ces grilles qui éloignent l'acteur du spectateur, et lui cachent toujours plus de la moitié de sa personne, ne manquent jamais à rendre son action fort languissante[5]. Il arrive quelquefois des occasions indispensables de faire arrêter prisonniers sur nos théâtres quelques-uns de nos principaux acteurs ; mais alors il

---

1. Achorée : écuyer de Cléopâtre.
2. *La Mort de Pompée* : tragédie de Corneille de 1642.
3. Dès l'abord : au tout début.
4. Assiette : disposition d'esprit.
5. Languissante : sans vivacité.

vaut mieux se contenter de leur donner des gardes qui les suivent, et n'affaiblissent ni le spectacle ni l'action, comme dans *Polyeucte*[1] et dans *Héraclius*[2]. J'ai voulu rendre visible ici l'obligation qu'Égée avait à Médée ; mais cela se fût mieux fait par un récit.

Je serai bien aise encore qu'on remarque la civilité de Jason envers Pollux à son départ : il l'accompagne jusque hors de la ville ; et c'est une adresse[3] de théâtre assez heureusement pratiquée pour l'éloigner de Créon et Créuse mourants, et n'en avoir que deux à la fois à faire parler. Un auteur est bien embarrassé quand il en a trois, et qu'ils ont tous trois une assez forte passion dans l'âme pour leur donner une juste impatience de la pousser au-dehors ; c'est ce qui m'a obligé à faire mourir ce roi malheureux avant l'arrivée de Jason, afin qu'il n'eût à parler qu'à Créuse ; et à faire mourir cette princesse avant que Médée se montre sur le balcon, afin que cet amant en colère n'ait plus à qui s'adresser qu'à elle[4] ; mais on aurait eu lieu de trouver à dire qu'il ne fût pas auprès de sa maîtresse dans un si grand malheur, si je n'eusse rendu raison de son éloignement.

J'ai feint que les feux que produit la robe de Médée, et qui font périr Créon et Créuse, étaient invisibles, parce que j'ai mis leurs personnes sur la scène dans la catastrophe[5]. Ce spectacle de mourants m'était nécessaire pour remplir mon cinquième acte, qui sans cela n'eût pu atteindre à la longueur

---

1. *Polyeucte* : tragédie de Corneille de 1641.
2. *Héraclius* : tragédie de Corneille de 1647.
3. Adresse : moyen habile.
4. N'ait plus à qui s'adresser qu'à elle : soit contraint de ne pouvoir s'adresser qu'à elle seule.
5. Catastrophe : dénouement.

ordinaire des nôtres ; mais à dire le vrai, il n'a pas l'effet que demande la tragédie, et ces deux mourants importunent plus par leurs cris et par leurs gémissements, qu'ils ne font pitié par leur malheur. La raison en est qu'ils semblent l'avoir mérité par l'injustice qu'ils ont faite à Médée, qui attire si bien de son côté toute la faveur de l'auditoire, qu'on excuse sa vengeance après l'indigne traitement qu'elle a reçu de Créon et de son mari, et qu'on a plus de compassion du désespoir où ils l'ont réduite, que de tout ce qu'elle leur fait souffrir.

Quant au style, il est fort inégal en ce poème[1] : et ce que j'y ai mêlé du mien approche si peu de ce que j'ai traduit de Sénèque, qu'il n'est point besoin d'en mettre le texte en marge pour faire discerner au lecteur ce qui est de lui ou de moi. Le temps m'a donné le moyen d'amasser assez de forces pour ne laisser pas cette différence si visible dans le *Pompée*, où j'ai beaucoup pris de Lucain[2], et ne crois pas être demeuré fort au-dessous de lui quand il a fallu me passer de son secours[3].

---

1. Poème : ici pièce de théâtre en vers.
2. Lucain : poète romain (39-65), auteur de *La Pharsale*, épopée dont Corneille s'est inspiré pour écrire *La Mort de Pompée*.
3. Secours : aide.

Acteurs

CRÉON, *roi de Corinthe.*
ÉGÉE, *roi d'Athènes.*
JASON, *mari de Médée.*
POLLUX, *argonaute*[1], *ami de Jason.*
CRÉUSE, *fille de Créon.*
MÉDÉE, *femme de Jason.*
CLÉONE, *gouvernante de Créuse.*
NÉRINE, *suivante de Médée.*
THEUDAS, *domestique de Créon.*
Troupe des gardes de Créon.

La scène est à Corinthe.

---

1. Argonaute: compagnon de Jason sur le vaisseau Argo à bord duquel ils embarquèrent pour retrouver la Toison d'or.

Acte premier

Scène première

POLLUX, JASON

POLLUX

Que je sens à la fois de surprise et de joie !
Se peut-il qu'en ces lieux enfin je vous revoie,
Que Pollux dans Corinthe ait rencontré Jason ?

JASON

Vous n'y pouviez venir en meilleure saison ;
5 Et pour vous rendre encor[1] l'âme plus étonnée[2],
Préparez-vous à voir mon second hyménée[3].

POLLUX

Quoi ! Médée est donc morte, ami ?

JASON

                        Non, elle vit ;
Mais un objet plus beau la chasse de mon lit.

POLLUX

Dieux ! et que fera-t-elle ?

---

1. Encor : encore.
2. Étonnée : frappée d'une très grande stupeur.
3. Hyménée : mariage, union.

Jason

Et que fit Hypsipyle[1],
Que pousser les éclats d'un courroux[2] inutile ?
Elle jeta des cris, elle versa des pleurs,
Elle me souhaita mille et mille malheurs ;
Dit que j'étais sans foi[3], sans cœur, sans conscience,
Et lasse de le dire, elle prit patience[4].
Médée en son malheur en pourra faire autant :
Qu'elle soupire, pleure, et me nomme inconstant[5] ;
Je la quitte à regret, mais je n'ai point d'excuse
Contre un pouvoir plus fort qui me donne à Créuse.

Pollux

Créuse est donc l'objet qui vous vient d'enflammer ?
Je l'aurais deviné sans l'entendre nommer.
Jason ne fit jamais de communes maîtresses[6] ;
Il est né seulement pour charmer les princesses,
Et haïrait l'amour, s'il avait sous sa loi
Rangé[7] de moindres cœurs que des filles de roi.
Hypsipyle à Lemnos, sur le Phase[8] Médée,
Et Créuse à Corinthe, autant vaut[9], possédée,

---

1. Hypsipyle : reine de l'île grecque de Lemnos, première épouse de Jason.
2. Courroux : colère.
3. Foi : parole.
4. Elle prit patience : elle attendit.
5. Inconstant : volage.
6. Ne fit jamais de communes maîtresses : ne prit jamais pour maîtresses des femmes quelconques.
7. Rangé : soumis.
8. Le Phase : fleuve de Colchide où résidait Médée lorsque Jason la rencontra.
9. Autant vaut : pour ainsi dire.

Font bien voir qu'en tous lieux, sans le secours de Mars[1],
Les sceptres[2] sont acquis à ses moindres regards.

JASON

Aussi je ne suis pas de ces amants vulgaires[3] ;
30 J'accommode ma flamme au bien de mes affaires[4] ;
Et sous quelque climat que me jette le sort,
Par maxime d'État[5] je me fais cet effort.
Nous voulant à Lemnos rafraîchir dans la ville,
Qu'eussions-nous fait, Pollux, sans l'amour d'Hypsipyle ?
35 Et depuis à Colchos[6], que fit votre Jason,
Que cajoler[7] Médée et gagner la toison[8] ?
Alors, sans mon amour, qu'eût fait votre vaillance ?
Eût-elle du dragon[9] trompé la vigilance ?
Ce peuple que la terre enfantait tout armé,
40 Qui de vous l'eût défait, si Jason n'eût aimé ?
Maintenant qu'un exil m'interdit ma patrie,
Créuse est le sujet de mon idolâtrie ;
Et j'ai trouvé l'adresse[10], en lui faisant la cour,
De relever mon sort sur les ailes d'Amour.

---

1. Mars : dieu de la guerre dans la mythologie romaine.
2. Sceptres : bâtons ornementaux tenus par les monarques et symboles de leur autorité royale.
3. Vulgaires : du peuple.
4. J'accommode ma flamme au bien de mes affaires : je règle mes amours en fonction de mes affaires politiques.
5. Maxime d'État : raison d'État.
6. Colchos : célèbre cité de l'Antiquité grecque où Jason vola la Toison d'or.
7. Cajoler : faire des câlins.
8. Toison : la Toison d'or.
9. Dragon : il s'agit du dragon qui gardait la Toison d'or et dont Médée a trompé la vigilance pour aider Jason.
10. Adresse : habileté.

POLLUX

45 Que parlez-vous d'exil ? La haine de Pélie[1]…

JASON

Me fait, tout mort qu'il est, fuir de sa Thessalie[2].

POLLUX

Il est mort !

JASON

Écoutez, et vous saurez comment
Son trépas[3] seul m'oblige à cet éloignement.
Après six ans passés, depuis notre voyage[4],
50 Dans les plus grands plaisirs qu'on goûte au mariage,
Mon père, tout caduc[5], émouvant ma pitié,
Je conjurai[6] Médée, au nom de l'amitié…

POLLUX

J'ai su comme son art[7], forçant les destinées,
Lui rendit la vigueur de ses jeunes années :
55 Ce fut, s'il m'en souvient, ici que je l'appris ;
D'où soudain un voyage en Asie entrepris
Fait que, nos deux séjours divisés par Neptune[8],

---

1. Pélie : oncle de Jason qui l'engage pour ramener la Toison d'or. Il fut tué par Médée.
2. Thessalie : région de la Grèce.
3. Trépas : mort.
4. Notre voyage : allusion ici à la fin de l'expédition des Argonautes pour récupérer la Toison d'or et à l'exil contraint de Médée et Jason à Corinthe.
5. Caduc : vieux, en fin de vie.
6. Conjurer : prier instamment.
7. Son art : ses techniques de magicienne.
8. Neptune : dieu de la mer dans la mythologie romaine.

Je n'ai point su depuis quelle est votre fortune[1] ;
Je n'en fais qu'arriver.

JASON

Apprenez donc de moi
60 Le sujet qui m'oblige à lui manquer de foi[2].
Malgré l'aversion d'entre nos deux familles,
De mon tyran Pélie elle gagne[3] les filles,
Et leur feint de ma part tant d'outrages reçus,
Que ces faibles esprits sont aisément déçus.
65 Elle fait amitié[4], leur promet des merveilles,
Du pouvoir de son art leur remplit les oreilles ;
Et pour mieux leur montrer comme il est infini,
Leur étale[5] surtout mon père rajeuni.
Pour épreuve elle égorge un bélier à leurs vues,
70 Le plonge en un bain d'eaux et d'herbes inconnues,
Lui forme un nouveau sang avec cette liqueur,
Et lui rend d'un agneau la taille et la vigueur.
Les sœurs crient miracle, et chacune ravie
Conçoit pour son vieux père une pareille envie[6],
75 Veut un effet pareil, le demande, et l'obtient ;
Mais chacune a son but. Cependant la nuit vient :
Médée, après le coup d'une si belle amorce,
Prépare de l'eau pure et des herbes sans force[7],

---

1. Fortune : le destin, le sort.
2. Foi : parole.
3. Gagne : elle gagne la confiance de.
4. Elle fait amitié : elle se lie d'amitié.
5. Étale : montre.
6. Envie : désir.
7. Sans force : sans aucun pouvoir magique.

Redouble le sommeil des gardes et du roi :
80 La suite au seul récit me fait trembler d'effroi.
À force de pitié ces filles inhumaines
De leur père endormi vont épuiser les veines[1] :
Leur tendresse crédule[2], à grands coups de couteau,
Prodigue ce vieux sang, et fait place au nouveau ;
85 Le coup le plus mortel s'impute à grand service[3] ;
On nomme piété[4] ce cruel sacrifice ;
Et l'amour paternel qui fait agir leurs bras
Croirait commettre un crime à n'en commettre pas.
Médée est éloquente[5] à leur donner courage :
90 Chacune toutefois tourne ailleurs son visage ;
Une secrète horreur condamne leur dessein[6],
Et refuse leurs yeux à conduire leur main.

POLLUX

À me représenter ce tragique spectacle,
Qui fait un parricide[7] et promet un miracle,
95 J'ai de l'horreur moi-même, et ne puis concevoir
Qu'un esprit jusque-là se laisse décevoir[8].

JASON

Ainsi mon père Éson[9] recouvra[10] sa jeunesse,

---

1. **Épuiser les veines** : vider de son sang.
2. **Crédule** : naïve.
3. **S'impute à grand service** : croit rendre un grand service.
4. **Piété** : dévotion, attachement.
5. **Éloquente** : convaincante et persuasive.
6. **Dessein** : projet.
7. **Parricide** : meurtre d'un père.
8. **Décevoir** : tromper.
9. **Éson** : père de Jason, roi d'Iolchos.
10. **Recouvra** : retrouva.

Mais oyez le surplus[1]. Ce grand courage cesse ;
L'épouvante les prend ; Médée en raille[2], et fuit.
100 Le jour découvre à tous les crimes de la nuit ;
Et pour vous épargner un discours inutile,
Acaste, nouveau roi, fait mutiner[3] la ville,
Nomme Jason l'auteur de cette trahison,
Et pour venger son père assiège ma maison.
105 Mais j'étais déjà loin, aussi bien que Médée ;
Et ma famille enfin à Corinthe abordée,
Nous saluons Créon, dont la bénignité[4]
Nous promet contre Acaste un lieu de sûreté.
Que vous dirai-je plus ? mon bonheur ordinaire
110 M'acquiert les volontés de la fille et du père ;
Si bien que de tous deux également chéri,
L'un me veut pour son gendre, et l'autre pour mari.
D'un rival couronné les grandeurs souveraines,
La majesté d'Égée, et le sceptre d'Athènes,
115 N'ont rien, à leur avis, de comparable à moi,
Et banni que je suis, je leur suis plus qu'un roi.
Je vois trop ce bonheur, mais je le dissimule ;
Et bien que pour Créuse un pareil feu[5] me brûle,
Du devoir conjugal je combats mon amour,
120 Et je ne l'entretiens que pour faire ma cour.
Acaste cependant menace d'une guerre
Qui doit perdre Créon et dépeupler sa terre[6] ;

---

1. Oyez le surplus : écoutez le reste.
2. En raille : s'en moque.
3. Mutiner : se rebeller, se révolter.
4. Bénignité : la bonté.
5. Feu : passion.
6. Sa terre : son royaume.

Puis, changeant tout à coup ses résolutions,
Il propose la paix sous des conditions.
Il demande d'abord et Jason et Médée :
On lui refuse l'un, et l'autre est accordée ;
Je l'empêche, on débat, et je fais tellement[1],
Qu'enfin il se réduit à son bannissement.
De nouveau je l'empêche, et Créon me refuse ;
Et pour m'en consoler il m'offre sa Créuse.
Qu'eussé-je fait, Pollux, en cette extrémité
Qui commettait[2] ma vie avec ma loyauté ?
Car sans doute à quitter l'utile pour l'honnête,
La paix allait se faire aux dépens de ma tête ;
Le mépris insolent des offres d'un grand roi
Aux mains d'un ennemi livrait Médée et moi.
Je l'eusse fait pourtant, si je n'eusse été père :
L'amour de mes enfants m'a fait l'âme légère ;
Ma perte était la leur ; et cet hymen[3] nouveau
Avec Médée et moi les tire du tombeau :
Eux seuls m'ont fait résoudre[4], et la paix s'est conclue.

POLLUX

Bien que de tous côtés l'affaire résolue
Ne laisse aucune place aux conseils d'un ami,
Je ne puis toutefois l'approuver qu'à demi.
Sur quoi que vous fondiez un traitement si rude,
C'est montrer pour Médée un peu d'ingratitude ;
Ce qu'elle a fait pour vous est mal récompensé.

---

1. Je fais tellement : j'insiste tellement.
2. Commettait : mettait en danger.
3. Hymen : union.
4. Résoudre : prendre la décision.

Il faut craindre après tout son courage offensé :
Vous savez mieux que moi ce que peuvent ses charmes[1].

Jason

150 Ce sont à sa fureur d'épouvantables armes ;
Mais son bannissement nous en va garantir.

Pollux

Gardez d'avoir sujet[2] de vous en repentir.

Jason

Quoi qu'il puisse arriver, ami, c'est chose faite.

Pollux

La termine le ciel comme je le souhaite[3] !
155 Permettez cependant qu'afin de m'acquitter,
J'aille trouver le roi pour l'en féliciter.

Jason

Je vous y conduirais, mais j'attends ma princesse
Qui va sortir du temple.

Pollux

                 Adieu : l'amour vous presse,
Et je serais marri[4] qu'un soin officieux[5]
160 Vous fît perdre pour moi des temps si précieux.

---

1. Charmes : sortilèges.
2. Gardez d'avoir sujet : gardez-vous bien d'évoquer ce sujet.
3. La termine le ciel comme je le souhaite : que le ciel fasse en sorte de me donner satisfaction.
4. Marri : fâché.
5. Soin officieux : désir de bien faire.

Scène II

JASON

Depuis que mon esprit est capable de flamme[1],
Jamais un trouble égal n'a confondu[2] mon âme.
Mon cœur, qui se partage en deux affections,
Se laisse déchirer à mille passions.
165 Je dois tout à Médée, et je ne puis sans honte
Et d'elle et de ma foi[3] tenir si peu de conte[4] :
Je dois tout à Créon, et d'un si puissant roi
Je fais un ennemi, si je garde ma foi :
Je regrette Médée, et j'adore Créuse ;
170 Je vois mon crime en l'une, en l'autre mon excuse ;
Et dessus[5] mon regret mes désirs triomphants
Ont encor[6] le secours du soin[7] de mes enfants.
Mais la princesse vient ; l'éclat d'un tel visage
Du plus constant[8] du monde attirerait l'hommage,
175 Et semble reprocher à ma fidélité
D'avoir osé tenir contre tant de beauté.

---

1. Flamme : amour.
2. Confondu : troublé.
3. Foi : parole.
4. Tenir si peu de conte : avoir si peu de considération. « Compte » obéit ici à l'orthographe du XVIIe siècle.
5. Dessus : sur.
6. Encor : encore.
7. Soin : souci.
8. Constant : fidèle.

Scène III

JASON, CRÉUSE, CLÉONE

JASON

Que votre zèle[1] est long, et que d'impatience
Il donne à votre amant, qui meurt en votre absence !

CRÉUSE

Je n'ai pas fait pourtant au ciel beaucoup de vœux ;
180　Ayant Jason à moi, j'ai tout ce que je veux.

JASON

Et moi, puis-je espérer l'effet d'une prière
Que ma flamme[2] tiendrait à faveur singulière[3] ?
Au nom de notre amour, sauvez deux jeunes fruits[4]
Que d'un premier hymen[5] la couche[6] m'a produits ;
185　Employez-vous pour eux, faites auprès d'un père
Qu'ils ne soient point compris en l'exil de leur mère ;
C'est lui seul qui bannit ces petits malheureux,
Puisque dans les traités il n'est point parlé d'eux.

CRÉUSE

J'avais déjà pitié de leur tendre innocence,
190　Et vous y servirai de toute ma puissance,
Pourvu qu'à votre tour vous m'accordiez un point
Que jusques à tantôt[7] je ne vous dirai point.

---

1. **Zèle** : ferveur religieuse.
2. **Flamme** : amour.
3. **Faveur singulière** : préférence.
4. **Fruits** : enfants.
5. **Hymen** : union
6. **Couche** : mariage, lit conjugal.
7. **Jusques à tantôt** : dans l'immédiat.

JASON

Dites, et quel qu'il soit, que ma reine en dispose.

CRÉUSE

Si je puis sur mon père obtenir quelque chose,
195 Vous le saurez après ; je ne veux rien pour rien.

CLÉONE

Vous pourrez au palais suivre[1] cet entretien.
On ouvre[2] chez Médée, ôtez-vous de sa vue ;
Vos présences rendraient sa douleur plus émue,
Et vous seriez marris[3] que cet esprit jaloux
200 Mêlât son amertume à des plaisirs si doux.

Scène IV

MÉDÉE

Souverains protecteurs des lois de l'hyménée[4],
Dieux garants de la foi[5] que Jason m'a donnée,
Vous qu'il prit à témoin d'une immortelle ardeur[6]
Quand par un faux serment il vainquit ma pudeur,
205 Voyez de quel mépris vous traite son parjure[7],
Et m'aidez à venger cette commune injure :

---

1. **Suivre** : poursuivre, continuer.
2. **On ouvre** : on ouvre les appartements.
3. **Marris** : fâchés.
4. **Hyménée** : union.
5. **Foi** : parole.
6. **Ardeur** : amour, passion.
7. **Parjure** : trahison d'un serment.

S'il me peut aujourd'hui chasser impunément[1],
Vous êtes sans pouvoir ou sans ressentiment[2].
Et vous, troupe savante en noires barbaries[3],
210 Filles de l'Achéron[4], pestes, larves, Furies[5],
Fières sœurs, si jamais notre commerce[6] étroit
Sur vous et vos serpents me donna quelque droit,
Sortez de vos cachots avec les mêmes flammes
Et les mêmes tourments dont vous gênez les âmes ;
215 Laissez-les quelque temps reposer dans leurs fers ;
Pour mieux agir pour moi faites trêve aux enfers.
Apportez-moi du fond des antres[7] de Mégère[8]
La mort de ma rivale, et celle de son père,
Et si vous ne voulez mal servir mon courroux[9],
220 Quelque chose de pis[10] pour mon perfide[11] époux :
Qu'il coure vagabond de province en province,
Qu'il fasse lâchement la cour à chaque prince ;
Banni de tous côtés, sans bien et sans appui,
Accablé de frayeur, de misère, d'ennui,
225 Qu'à ses plus grands malheurs aucun ne compatisse ;
Qu'il ait regret à moi[12] pour son dernier supplice ;

---

1. Impunément : sans être inquiété des conséquences.

2. Ressentiment : haine.

3. Barbaries : sauvageries.

4. L'Achéron : fleuve des Enfers.

5. Furies : divinités persécutrices des Enfers.

6. Commerce : fréquentation.

7. Antres : cavernes.

8. Mégère : divinité grecque des Enfers qui fait naître la jalousie et l'envie.

9. Courroux : colère.

10. Pis : pire.

11. Perfide : déloyal.

12. Qu'il ait regret à moi : qu'il me regrette.

Et que mon souvenir jusque dans le tombeau
Attache à son esprit un éternel bourreau.
Jason me répudie[1] ! et qui l'aurait pu croire ?
S'il a manqué d'amour, manque-t-il de mémoire ?
Me peut-il bien quitter après tant de bienfaits ?
M'ose-t-il bien quitter après tant de forfaits[2] ?
Sachant ce que je puis, ayant vu ce que j'ose,
Croit-il que m'offenser ce soit si peu de chose ?
Quoi ! mon père trahi, les éléments[3] forcés,
D'un frère[4] dans la mer les membres dispersés,
Lui font-ils présumer mon audace épuisée ?
Lui font-ils présumer qu'à mon tour méprisée,
Ma rage contre lui n'ait par où s'assouvir,
Et que tout mon pouvoir se borne à le servir ?
Tu t'abuses[5], Jason, je suis encor[6] moi-même.
Tout ce qu'en ta faveur fit mon amour extrême,
Je le ferai par haine ; et je veux pour le moins
Qu'un forfait nous sépare, ainsi qu'il nous a joints ;
Que mon sanglant divorce, en meurtres, en carnage,
S'égale aux premiers jours de notre mariage,
Et que notre union, que rompt ton changement,
Trouve une fin pareille à son commencement.
Déchirer par morceaux l'enfant aux yeux du père

---

1. **Jason me répudie** : Jason ne veut plus de moi comme épouse.
2. **Forfaits** : crimes.
3. **Éléments** : les quatre éléments : l'air, la terre, l'eau et le feu.
4. **D'un frère** : allusion ici à l'épisode mythologique où Médée tue Apsyrtos, son petit frère (voir p. 111).
5. **Tu t'abuses** : tu te trompes.
6. **Encor** : encore.

250 N'est que le moindre effet qui suivra ma colère ;
Des crimes si légers furent mes coups d'essai :
Il faut bien autrement montrer ce que je sai[1] ;
Il faut faire un chef-d'œuvre, et qu'un dernier ouvrage
Surpasse de bien loin ce faible apprentissage.
255 Mais pour exécuter tout ce que j'entreprends,
Quels dieux me fourniront des secours[2] assez grands ?
Ce n'est plus vous, enfers, qu'ici je sollicite :
Vos feux[3] sont impuissants pour ce que je médite.
Auteur de ma naissance, aussi bien que du jour,
260 Qu'à regret tu dépars[4] à ce fatal séjour,
Soleil[5], qui vois l'affront qu'on va faire à ta race,
Donne-moi tes chevaux à conduire en ta place :
Accorde cette grâce à mon désir bouillant.
Je veux choir[6] sur Corinthe avec ton char brûlant :
265 Mais ne crains pas de chute à l'univers funeste[7] ;
Corinthe consumé garantira le reste ;
De mon juste courroux[8] les implacables vœux
Dans ses odieux murs arrêteront tes feux[9].
Créon en est le prince, et prend Jason pour gendre :
270 C'est assez mériter d'être réduit en cendre,

---

1. Sai : orthographe du XVIIe siècle.
2. Secours : aide.
3. Feux : flammes de l'enfer.
4. Tu dépars : tu accordes.
5. Soleil : le soleil est le grand-père de Médée.
6. Choir : tomber.
7. Funeste : malheureux.
8. Courroux : colère.
9. Feux : passion.

D'y voir réduit tout l'isthme[1], afin de l'en punir,
Et qu'il n'empêche plus les deux mers de s'unir.

Scène V

MÉDÉE, NÉRINE

MÉDÉE

Et bien! Nérine, à quand, à quand cet hyménée[2]?
En ont-ils choisi l'heure? en sais-tu la journée?
N'en as-tu rien appris? n'as-tu point vu Jason?
N'appréhende-t-il rien après sa trahison?
Croit-il qu'en cet affront je m'amuse à me plaindre?
S'il cesse de m'aimer, qu'il commence à me craindre.
Il verra, le perfide[3], à quel comble d'horreur
De mes ressentiments[4] peut monter la fureur.

NÉRINE

Modérez les bouillons de cette violence,
Et laissez déguiser vos douleurs au silence.
Quoi! madame, est-ce ainsi qu'il faut dissimuler?
Et faut-il perdre ainsi des menaces en l'air?
Les plus ardents transports[5] d'une haine connue
Ne sont qu'autant d'éclairs avortés dans la nue[6],

---

1. Isthme: bras de terre qui sépare deux mers. Ici la cité de Corinthe, située sur un isthme.
2. Hyménée: union.
3. Perfide: déloyal.
4. Ressentiments: haine.
5. Transports: agitations.
6. Nue: le ciel.

Qu'autant d'avis à ceux que vous voulez punir,
Pour repousser vos coups, ou pour les prévenir.
Qui[1] peut sans s'émouvoir supporter une offense,
290 Peut mieux prendre à son point le temps de sa vengeance ;
Et sa feinte[2] douceur, sous un appas[3] mortel,
Mène insensiblement sa victime à l'autel[4].

MÉDÉE

Tu veux que je me taise et que je dissimule !
Nérine, porte ailleurs ce conseil ridicule ;
295 L'âme en est incapable en de moindres malheurs,
Et n'a point où cacher de pareilles douleurs.
Jason m'a fait trahir mon pays et mon père,
Et me laisse au milieu d'une terre étrangère,
Sans support, sans amis, sans retraite[5], sans bien,
300 La fable[6] de son peuple et la haine du mien :
Nérine, après cela tu veux que je me taise !
Ne dois-je point encore en témoigner de l'aise,
De ce royal hymen[7] souhaiter l'heureux jour,
Et forcer tous mes soins[8] à servir son amour ?

NÉRINE

305 Madame, pensez mieux à l'éclat que vous faites.
Quelque juste qu'il soit, regardez où vous êtes ;

---

1. Qui : celui qui.
2. Feinte : trompeuse.
3. Appas : charmes.
4. Autel : table où sont pratiqués les sacrifices.
5. Retraite : lieu où se retirer.
6. Fable : sujet de moquerie.
7. Hymen : union.
8. Soins : précautions.

Considérez qu'à peine un esprit plus remis
Vous tient en sûreté parmi vos ennemis[1].

MÉDÉE

L'âme doit se roidir[2] plus elle est menacée,
Et contre la fortune[3] aller tête baissée,
La choquer hardiment[4], et sans craindre la mort
Se présenter de front[5] à son plus rude effort.
Cette lâche ennemie a peur des grands courages,
Et sur ceux qu'elle abat redouble ses outrages.

NÉRINE

Que sert[6] ce grand courage où[7] l'on est sans pouvoir ?

MÉDÉE

Il trouve toujours lieu de se faire valoir.

NÉRINE

Forcez[8] l'aveuglement dont vous êtes séduite,
Pour voir en quel état le sort vous a réduite.
Votre pays vous hait, votre époux est sans foi[9] :
Dans un si grand revers[10] que vous reste-t-il ?

---

1. Considérez qu'à peine un esprit plus remis / Vous tient en sûreté parmi vos ennemis : rendez-vous compte que même avec l'esprit un peu plus rassuré, vous auriez des difficultés à assurer votre sécurité.

2. Se roidir : se raidir.

3. Fortune : destin, sort.

4. Hardiment : avec courage.

5. De front : de face.

6. Que sert : à quoi sert.

7. Où : quand.

8. Forcez : quittez.

9. Foi : parole.

10. Revers : défaite accablante.

Médée

                              Moi,
Moi, dis-je, et c'est assez.

Nérine
Quoi ! vous seule, madame ?

Médée
Oui, tu vois en moi seule et le fer et la flamme,
Et la terre, et la mer, et l'enfer, et les cieux,
Et le sceptre des rois, et le foudre[1] des dieux.

Nérine
325 L'impétueuse[2] ardeur[3] d'un courage sensible
À vos ressentiments figure tout possible[4] :
Mais il faut craindre un roi fort de tant de sujets.

Médée
Mon père, qui l'était, rompit-il mes projets ?

Nérine
Non ; mais il fut surpris, et Créon se défie[5].
330 Fuyez, qu'à ses soupçons il ne vous sacrifie.

Médée
Las[6] ! je n'ai que trop fui ; cette infidélité
D'un juste châtiment punit ma lâcheté.
Si je n'eusse point fui pour la mort de Pélie,

---

1. Le foudre : substantif souvent au masculin chez Corneille. Le foudre est l'éclair, symbole de la puissance de Jupiter, le roi des dieux.
2. Impétueuse : qui ne sait pas se contenir.
3. Ardeur : passion.
4. Figure tout possible : tout vous semble possible.
5. Se défie : se méfie.
6. Las : hélas.

Si j'eusse tenu bon dedans la Thessalie,
Il n'eût point vu Créuse, et cet objet nouveau
N'eût point de notre hymen[1] étouffé le flambeau.

NÉRINE

Fuyez encor, de grâce.

MÉDÉE

Oui, je fuirai, Nérine ;
Mais, avant, de Créon on verra la ruine.
Je brave la fortune[2], et toute sa rigueur[3]
En m'ôtant un mari ne m'ôte pas le cœur ;
Sois seulement fidèle, et sans te mettre en peine,
Laisse agir pleinement mon savoir et ma haine.

NÉRINE, *seule*.

Madame… Elle me quitte au lieu de m'écouter,
Ces violents transports[4] la vont précipiter :
D'une trop juste ardeur[5] l'inexorable[6] envie[7]
Lui fait abandonner le souci de sa vie.
Tâchons encore un coup d'en divertir[8] le cours.
Apaiser sa fureur, c'est conserver ses jours.

---

1. **Hymen** : union.
2. **Fortune** : destin, sort.
3. **Rigueur** : sévérité.
4. **Transports** : agitations.
5. **Ardeur** : passion.
6. **Inexorable** : impossible à arrêter, inflexible.
7. **Envie** : jalousie.
8. **Divertir** : changer.

Acte II

Scène première

MÉDÉE, NÉRINE

NÉRINE

Bien qu'un péril certain suive votre entreprise[1],
350 Assurez-vous[2] sur moi, je vous suis toute acquise ;
Employez mon service aux flammes, au poison,
Je ne refuse rien ; mais épargnez Jason.
Votre aveugle vengeance une fois assouvie,
Le regret de sa mort vous coûterait la vie ;
355 Et les coups violents d'un rigoureux ennui[3]…

MÉDÉE

Cesse de m'en parler et ne crains rien pour lui :
Ma fureur jusque-là n'oserait me séduire[4] ;
Jason m'a trop coûté pour le vouloir détruire ;
Mon courroux[5] lui fait grâce, et ma première ardeur[6]
360 Soutient son intérêt au milieu de mon cœur.

---

1. Entreprise : action.
2. Assurez-vous : reposez-vous.
3. Rigoureux ennui : implacable sévérité.
4. Séduire : tromper.
5. Courroux : colère.
6. Ardeur : passion.

MÉDÉE

Je crois qu'il m'aime encore, et qu'il nourrit en l'âme
Quelques restes secrets d'une si belle flamme[1],
Qu'il ne fait qu'obéir aux volontés d'un roi
Qui l'arrache à Médée en dépit de sa foi[2].
Qu'il vive, et s'il se peut, que l'ingrat me demeure;
Sinon, ce m'est assez[3] que sa Créuse meure;
Qu'il vive cependant, et jouisse du jour
Que lui conserve encor[4] mon immuable amour.
Créon seul et sa fille ont fait la perfidie[5]!
Eux seuls termineront toute la tragédie;
Leur perte achèvera cette fatale paix.

NÉRINE
Contenez-vous, madame; il sort de son palais.

Scène II

CRÉON, MÉDÉE, NÉRINE, SOLDATS

CRÉON
Quoi! je te vois encore! Avec quelle impudence[6]
Peux-tu, sans t'effrayer, soutenir ma présence?
Ignores-tu l'arrêt[7] de ton bannissement?
Fais-tu si peu de cas de mon commandement?

---

1. Flamme : amour.
2. Foi : parole.
3. Ce m'est assez : c'est bien assez.
4. Encor : encore.
5. Perfidie : manque de foi.
6. Impudence : effronterie.
7. Arrêt : décision officielle.

Voyez comme elle s'enfle et d'orgueil et d'audace !
Ses yeux ne sont que feu ; ses regards, que menace !
Gardes, empêchez-la de s'approcher de moi.
380 Va, purge mes États d'un monstre tel que toi ;
Délivre mes sujets et moi-même de crainte.

MÉDÉE

De quoi m'accuse-t-on ? Quel crime, quelle plainte
Pour mon bannissement vous donne tant d'ardeur[1] ?

CRÉON

Ah ! l'innocence même, et la même candeur[2] !
385 Médée est un miroir de vertu signalée[3] :
Quelle inhumanité de l'avoir exilée !
Barbare[4], as-tu si tôt oublié tant d'horreurs ?
Repasse[5] tes forfaits[6], repasse tes erreurs,
Et de tant de pays nomme quelque contrée
390 Dont tes méchancetés te permettent l'entrée.
Toute la Thessalie en armes te poursuit ;
Ton père te déteste, et l'univers te fuit :
Me dois-je en ta faveur charger de tant de haines,
Et sur mon peuple et moi faire tomber tes peines ?
395 Va pratiquer ailleurs tes noires actions ;
J'ai racheté la paix à ces conditions.

MÉDÉE

Lâche paix, qu'entre vous, sans m'avoir écoutée,

---

1. Ardeur : passion.
2. Candeur : pureté d'âme.
3. Signalée : remarquable.
4. Barbare : sauvage, sans humanité.
5. Repasse : remémore-toi.
6. Forfaits : crimes.

Pour m'arracher mon bien vous avez complotée !
Paix, dont le déshonneur vous demeure éternel !
400 Quiconque sans l'ouïr[1] condamne un criminel,
Son crime eût-il cent fois mérité le supplice,
D'un juste châtiment il fait une injustice.

CRÉON

Au regard de Pélie, il fut bien mieux traité ;
Avant que l'égorger tu l'avais écouté ?

MÉDÉE

405 Écouta-t-il Jason, quand sa haine couverte[2]
L'envoya sur nos bords[3] se livrer à sa perte ?
Car comment voulez-vous que je nomme un dessein[4]
Au-dessus de sa force et du pouvoir humain ?
Apprenez quelle était cette illustre[5] conquête,
410 Et de combien de morts j'ai garanti[6] sa tête.
Il fallait mettre au joug[7] deux taureaux furieux ;
Des tourbillons de feux s'élançaient de leurs yeux,
Et leur maître Vulcain[8] poussait par leur haleine
Un long embrasement dessus[9] toute la plaine ;
415 Eux domptés, on entrait en de nouveaux hasards ;
Il fallait labourer les tristes champs de Mars,

---

1. **Ouïr** : écouter.
2. **Couverte** : dissimulée.
3. **Sur nos bords** : sur nos rives.
4. **Dessein** : projet.
5. **Illustre** : remarquable.
6. **Garanti** : sauvé.
7. **Joug** : pièce de bois servant à l'attelage des bœufs.
8. **Vulcain** : dans la mythologie romaine, dieu du feu, de la forge et des volcans.
9. **Dessus** : sur.

ACTE II, SCÈNE II

Et des dents d'un serpent ensemencer leur terre[1],
Dont la stérilité, fertile pour la guerre,
Produisait à l'instant des escadrons armés
420 Contre la même main qui les avait semés.
Mais, quoi qu'eût fait contre eux une valeur parfaite,
La toison[2] n'était pas au bout de leur défaite :
Un dragon, enivré des plus mortels poisons
Qu'enfantent les péchés de toutes les saisons,
425 Vomissant mille traits[3] de sa gorge enflammée,
La gardait beaucoup mieux que toute cette armée ;
Jamais étoile, lune, aurore, ni soleil,
Ne virent abaisser sa paupière au sommeil :
Je l'ai seule assoupi ; seule, j'ai par mes charmes[4]
430 Mis au joug les taureaux, et défait les gendarmes[5].
Si lors[6] à mon devoir mon désir limité
Eût conservé ma gloire et ma fidélité,
Si j'eusse eu de l'horreur de tant d'énormes fautes,
Que devenait Jason, et tous vos Argonautes[7] ?
435 Sans moi, ce vaillant chef, que vous m'avez ravi[8],
Fût péri[9] le premier, et tous l'auraient suivi.

---

1. Et des dents d'un serpent ensemencer leur terre : Médée fait ici allusion à cet épisode de la Toison d'or au cours duquel les dents du dragon jetées dans le sol donnaient naissance à des armées de guerriers qui allaient affronter Jason et ses compagnons.

2. Toison : la Toison d'or.

3. Traits : flèches.

4. Charmes : sortilèges.

5. Gendarmes : soldats.

6. Lors : alors.

7. Argonautes : compagnons de Jason sur le vaisseau Argo.

8. Ravi : enlevé.

9. Fût péri : aurait péri.

Je ne me repens point d'avoir par mon adresse[1]
Sauvé le sang des dieux et la fleur de la Grèce :
Zéthès, et Calaïs[2], et Pollux, et Castor[3],
Et le charmant Orphée[4], et le sage Nestor[5],
Tous vos héros enfin tiennent de moi la vie ;
Je vous les verrai tous posséder sans envie[6] :
Je vous les ai sauvés, je vous les cède tous ;
Je n'en veux qu'un pour moi, n'en soyez point jaloux.
Pour de si bons effets laissez-moi l'infidèle :
Il est mon crime seul, si je suis criminelle ;
Aimer cet inconstant, c'est tout ce que j'ai fait :
Si vous me punissez, rendez-moi mon forfait[7].
Est-ce user comme il faut d'un pouvoir légitime,
Que me faire coupable et jouir de mon crime ?

CRÉON

Va te plaindre à Colchos.

MÉDÉE

Le retour m'y plaira.
Que Jason m'y remette[8] ainsi qu'il m'en tira :
Je suis prête à partir sous la même conduite[9]

---

1. Adresse : moyen habile.
2. Zéthès et Calaïs : Argonautes, frères inséparables issus de l'union de Borée et d'Orithyie.
3. Pollux et Castor : Argonautes, frères jumeaux issus de l'union de Leda et Zeus.
4. Orphée : dans la mythologie grecque, Orphée est un poète. Au sein de l'expédition des Argonautes, il avait pour rôle de guider ses compagnons sur la mer par son chant.
5. Nestor : héros le plus âgé et le plus sage de la Guerre de Troie.
6. Envie : jalousie.
7. Forfait : crime.
8. M'y remette : m'y reconduise.
9. Sous la même conduite : accompagnée de mêmes personnes.

ACTE II, SCÈNE II

Qui de ces lieux aimés précipita ma fuite.
455 Ô d'un injuste affront les coups les plus cruels !
Vous faites différence entre deux criminels !
Vous voulez qu'on l'honore, et que de deux complices
L'un ait votre couronne, et l'autre des supplices !

CRÉON

Cesse de plus mêler ton intérêt au sien.
460 Ton Jason, pris à part, est trop homme de bien :
Le séparant de toi, sa défense est facile ;
Jamais il n'a trahi son père ni sa ville ;
Jamais sang innocent n'a fait rougir ses mains ;
Jamais il n'a prêté son bras à tes desseins[1] ;
465 Son crime, s'il en a, c'est de t'avoir pour femme.
Laisse-le s'affranchir d'une honteuse flamme ;
Rends-lui son innocence en t'éloignant de nous ;
Porte en d'autres climats ton insolent courroux[2] ;
Tes herbes, tes poisons, ton cœur impitoyable,
470 Et tout ce qui jamais a fait Jason coupable.

MÉDÉE

Peignez mes actions plus noires que la nuit ;
Je n'en ai que la honte, il en a tout le fruit ;
Ce fut en sa faveur que ma savante audace
Immola[3] son tyran par les mains de sa race ;
475 Joignez-y mon pays et mon frère : il suffit
Qu'aucun de tant de maux ne va qu'à son profit[4].

---

1. Desseins : projets.
2. Courroux : colère.
3. Immola : fit mourir.
4. Qu'aucun de tant de maux ne va qu'à son profit : lui seul profite de tous ces maux.

Mais vous les saviez[1] tous quand vous m'avez reçue ;
Votre simplicité[2] n'a point été déçue :
En ignoriez-vous un quand vous m'avez promis
Un rempart assuré contre mes ennemis ?
Ma main, saignante encor[3] du meurtre de Pélie,
Soulevait contre moi toute la Thessalie,
Quand votre cœur, sensible à la compassion,
Malgré tous mes forfaits[4], prit ma protection.
Si l'on me peut depuis imputer quelque crime,
C'est trop peu que l'exil, ma mort est légitime :
Sinon, à quel propos me traitez-vous ainsi ?
Je suis coupable ailleurs, mais innocente ici.

CRÉON

Je ne veux plus ici d'une telle innocence,
Ni souffrir en ma cour ta fatale présence.
Va...

MÉDÉE

Dieux justes, vengeurs...

CRÉON

Va, dis-je, en d'autres lieux
Par tes cris importuns[5] solliciter les dieux.
Laisse-nous tes enfants : je serais trop sévère,
Si je les punissais des crimes de leur mère ;

---

1. Saviez : connaissiez.
2. Simplicité : naïveté.
3. Encor : encore.
4. Forfaits : crimes.
5. Importuns : fâcheux, dérangeants.

495 Et bien que je le pusse avec juste raison,
Ma fille les demande en faveur de Jason.

MÉDÉE

Barbare[1] humanité, qui m'arrache à moi-même,
Et feint de la douceur pour m'ôter ce que j'aime !
Si Jason et Créuse ainsi l'ont ordonné,
500 Qu'ils me rendent le sang que je leur ai donné.

CRÉON

Ne me réplique plus[2], suis la loi qui t'est faite ;
Prépare ton départ, et pense à ta retraite[3].
Pour en délibérer, et choisir le quartier[4],
De grâce ma bonté te donne un jour entier.

MÉDÉE

505 Quelle grâce !

CRÉON

Soldats, remettez-la[5] chez elle ;
Sa contestation deviendrait éternelle.

Médée rentre, et Créon continue.

Quel indomptable esprit ! quel arrogant maintien
Accompagnait l'orgueil d'un si long entretien !
A-t-elle rien fléchi de son humeur altière[6] ?
510 A-t-elle pu descendre à la moindre prière ?[7]

---

1. **Barbare** : sauvage, sans humanité.
2. **Ne me réplique plus** : ne me réponds plus.
3. **Retraite** : lieu où se retirer.
4. **Quartier** : résidence.
5. **Remettez-la** : raccompagnez-la.
6. **Altière** : orgueilleuse.
7. **A-t-elle pu descendre à la moindre prière ?** : est-elle revenue à la raison ?

Et le sacré respect de ma condition
En a-t-il arraché quelque soumission ?

Scène III

CRÉON, JASON, CRÉUSE, CLÉONE, SOLDATS

CRÉON

Te voilà sans rivale, et mon pays sans guerres,
Ma fille : c'est demain qu'elle sort de nos terres.
515 Nous n'avons désormais que craindre de sa part ;
Acaste est satisfait d'un si proche départ ;
Et si tu peux calmer le courage[1] d'Égée,
Qui voit par notre choix son ardeur[2] négligée,
Fais état[3] que demain nous assure à jamais
520 Et dedans et dehors[4] une profonde paix.

CRÉUSE

Je ne crois pas, seigneur, que ce vieux roi d'Athènes[5],
Voyant aux mains d'autrui le fruit de tant de peines,
Mêle tant de faiblesse à son ressentiment,
Que son premier courroux[6] se dissipe aisément.
525 J'espère toutefois qu'avec un peu d'adresse[7]

---

1. Courage : passion.
2. Ardeur : passion.
3. Fais état : fais en sorte.
4. Et dedans et dehors : dans notre royaume et hors de notre royaume.
5. Ce vieux roi d'Athènes : ici Égée.
6. Courroux : colère.
7. Adresse : habileté.

Je pourrai le résoudre à perdre une maîtresse[1]
Dont l'âge peu sortable[2] et l'inclination[3]
Répondaient assez mal à son affection.

JASON

Il doit vous témoigner par son obéissance
530 Combien sur son esprit vous avez de puissance ;
Et s'il s'obstine à suivre un injuste courroux[4],
Nous saurons, ma princesse, en rabattre[5] les coups ;
Et nos préparatifs contre la Thessalie
Ont trop de quoi punir sa flamme et sa folie.

CRÉON

535 Nous n'en viendrons pas là : regarde seulement
À le payer d'estime[6] et de remerciement.
Je voudrais pour tout autre un peu de raillerie[7] ;
Un vieillard amoureux mérite qu'on en rie ;
Mais le trône soutient la majesté des rois
540 Au-dessus du mépris, comme au-dessus des lois.
On doit toujours respect au sceptre, à la couronne.
Remets tout, si tu veux, aux ordres que je donne ;
Je saurai l'apaiser avec facilité,
Si tu ne te défends qu'avec civilité.

---

1. Perdre une maîtresse : renoncer à une maîtresse.

2. Sortable : convenable.

3. Inclination : affection.

4. Courroux : voir note 6, p. 46.

5. Rabattre : en escrime, parer le coup d'un ennemi en rabaissant son épée.

6. Regarde seulement à le payer d'estime : veille seulement à lui montrer de la considération.

7. Raillerie : moquerie.

Scène IV

Jason, Créuse, Cléone

Jason

545 Que ne vous dois-je point pour cette préférence,
Où mes désirs n'osaient porter mon espérance !
C'est bien me témoigner un amour infini,
De mépriser un roi pour un pauvre banni !
À toutes ses grandeurs préférer ma misère !
550 Tourner en ma faveur les volontés d'un père !
Garantir mes enfants d'un exil rigoureux !

Créuse

Qu'a pu faire de moindre un courage amoureux ?
La fortune[1] a montré dedans[2] votre naissance
Un trait[3] de son envie[4], ou de son impuissance ;
555 Elle devait un sceptre[5] au sang dont vous naissez,
Et sans lui vos vertus le méritaient assez.
L'amour, qui n'a pu voir une telle injustice,
Supplée[6] à son défaut, ou punit sa malice[7],
Et vous donne, au plus fort de vos adversités,
560 Le sceptre que j'attends, et que vous méritez.
La gloire m'en demeure ; et les races futures,

---

1. Fortune : destin, sort.
2. Dedans : dans.
3. Trait : un signe.
4. Envie : jalousie.
5. Sceptre : bâton ornemental tenu par le monarque et symbole de son autorité royale.
6. Supplée : ajoute ce qui manque.
7. Malice : capacité à nuire et à faire du mal.

Comptant notre hyménée[1] entre vos aventures,
Vanteront à jamais mon amour généreux,
Qui d'un si grand héros rompt le sort malheureux.
565 Après tout, cependant, riez de ma faiblesse ;
Prête de posséder le phénix[2] de la Grèce,
La fleur de nos guerriers, le sang de tant de dieux,
La robe de Médée a donné dans mes yeux ;
Mon caprice, à son lustre[3] attachant mon envie[4],
570 Sans elle trouve à dire au bonheur de ma vie ;
C'est ce qu'ont prétendu mes desseins relevés[5],
Pour le prix des enfants que je vous ai sauvés.

JASON

Que ce prix est léger[6] pour un si bon office[7] !
Il y faut toutefois employer l'artifice[8] :
575 Ma jalouse en fureur[9] n'est pas femme à souffrir
Que ma main l'en dépouille afin de vous l'offrir ;
Des trésors dont son père épuise la Scythie[10],
C'est tout ce qu'elle a pris quand elle en est sortie.

---

1. Hyménée : union.
2. Phénix : personne unique et supérieure aux autres.
3. Lustre : éclat.
4. Envie : voir note 4, p. 48.
5. C'est ce qu'ont prétendu mes desseins relevés : c'est ce que j'ai souhaité obtenir.
6. Léger : peu important.
7. Office : fonction et rôle.
8. Artifice : ruse.
9. Ma jalouse en fureur : Médée.
10. La Scythie : territoire des Amazones.

CRÉUSE

Qu'elle a fait un beau choix! jamais éclat pareil
Ne sema dans la nuit les clartés du soleil;
Les perles avec l'or confusément mêlées,
Mille pierres de prix sur ses bords étalées,
D'un mélange divin éblouissent les yeux;
Jamais rien d'approchant ne se fit en ces lieux.
Pour moi, tout aussitôt que je l'en vis parée,
Je ne fis plus d'état[1] de la toison dorée;
Et dussiez-vous vous-même en être un peu jaloux,
J'en eus presques envie aussitôt que de vous[2].
Pour apaiser Médée et réparer sa perte,
L'épargne[3] de mon père entièrement ouverte
Lui met à l'abandon tous les trésors du roi,
Pourvu que cette robe et Jason soient à moi.

JASON

N'en doutez point, ma reine, elle vous est acquise.
Je vais chercher Nérine, et par son entremise
Obtenir de Médée avec dextérité
Ce que refuserait son courage irrité.
Pour elle, vous savez que j'en fuis les approches,
J'aurais peine à souffrir l'orgueil de ses reproches;
Et je me connais mal, ou dans notre entretien
Son courroux s'allumant allumerait le mien.
Je n'ai point un esprit complaisant à sa rage,

---

1. Je ne fis plus d'état: je ne fis plus cas.
2. J'en eus presques envie aussitôt que de vous: j'ai presque eu autant envie de la robe que de vous.
3. Épargne: trésor royal.

Jusques à supporter sans réplique un outrage ;
Et ce seraient pour moi d'éternels déplaisirs
De reculer par là l'effet de vos désirs[1].
605 Mais sans plus de discours, d'une maison voisine
Je vais prendre le temps que sortira Nérine.
Souffrez, pour avancer votre contentement,
Que malgré mon amour je vous quitte un moment.

Cléone
Madame, j'aperçois venir le roi d'Athènes.

Créuse
610 Allez donc, votre vue augmenterait ses peines.

Cléone
Souvenez-vous de l'air dont il le faut traiter.

Créuse
Ma bouche accortement[2] saura s'en acquitter.

Scène V

ÉGÉE, CRÉUSE, CLÉONE

Égée
Sur un bruit [3] qui m'étonne, et que je ne puis croire,
Madame, mon amour, jaloux de votre gloire,
615 Vient savoir s'il est vrai que vous soyez d'accord,
Par un honteux hymen[4], de l'arrêt de ma mort.
Votre peuple en frémit, votre cour en murmure ;

---

1. De reculer par là l'effet de vos désirs : de ne pouvoir vous donner satisfaction.
2. Accortement : de manière adroite et plaisante.
3. Bruit : rumeur.
4. Hymen : union.

Et tout Corinthe enfin s'impute à grande injure[1]
Qu'un fugitif, un traître, un meurtrier de rois,
Lui donne à l'avenir des princes et des lois ;
Il ne peut endurer que l'horreur de la Grèce
Pour prix de ses forfaits[2] épouse sa princesse,
Et qu'il faille ajouter à vos titres d'honneur :
« Femme d'un assassin et d'un empoisonneur. »

CRÉUSE

Laissez agir, grand roi, la raison sur votre âme,
Et ne le chargez[3] point des crimes de sa femme.
J'épouse un malheureux, et mon père y consent,
Mais prince, mais vaillant, et surtout innocent.
Non pas que je ne faille[4] en cette préférence ;
De votre rang au sien je sais la différence :
Mais si vous connaissez l'amour et ses ardeurs[5],
Jamais pour son objet il ne prend les grandeurs ;
Avouez que son feu[6] n'en veut qu'à la personne,
Et qu'en moi vous n'aimiez rien moins que ma couronne.
Souvent je ne sais quoi qu'on ne peut exprimer
Nous surprend, nous emporte, et nous force d'aimer ;
Et souvent, sans raison, les objets de nos flammes
Frappent nos yeux ensemble et saisissent nos âmes.
Ainsi nous avons vu le souverain des dieux,

---

1. Tout Corinthe enfin s'impute à grande injure : toute la ville de Corinthe considère qu'on lui fait une grande injure.
2. Forfaits : crimes.
3. Chargez : accablez.
4. Faille : me trompe.
5. Ardeurs : passions.
6. Feu : passion.

640 Au mépris de Junon[1], aimer en ces bas lieux,
Vénus[2] quitter son Mars et négliger sa prise[3],
Tantôt pour Adonis[4], et tantôt pour Anchise[5];
Et c'est peut-être encore avec moins de raison
Que, bien que vous m'aimiez, je me donne à Jason.
645 D'abord dans mon esprit vous eûtes ce partage :
Je vous estimai plus, et l'aimai davantage.

ÉGÉE

Gardez ces compliments pour de moins enflammés,
Et ne m'estimez point qu'autant que vous m'aimez.
Que me sert cet aveu d'une erreur volontaire ?
650 Si vous croyez faillir, qui vous force à le faire ?
N'accusez point l'amour ni son aveuglement ;
Quand on connaît sa faute, on manque doublement.

CRÉUSE

Puis donc que[6] vous trouvez la mienne[7] inexcusable,
Je ne veux plus, seigneur, me confesser coupable.
655 L'amour de mon pays et le bien de l'État
Me défendaient l'hymen[8] d'un si grand potentat[9].
Il m'eût fallu soudain vous suivre en vos provinces,
Et priver mes sujets de l'aspect de leurs princes.

---

1. Junon : reine des Dieux et mère du Ciel.
2. Vénus : dans la mythologie romaine, la déesse de l'amour.
3. Prise : conquête.
4. Adonis : il s'agit d'un mortel, amant d'Aphrodite, déesse de la beauté.
5. Anchise : père d'Énée.
6. Puis donc que : donc puisque.
7. La mienne : ma faute.
8. Hymen : union.
9. Potentat : souverain à la puissance et à l'autorité redoutables.

Votre sceptre[1] pour moi n'est qu'un pompeux[2] exil ;
660 Que me sert son éclat ? et que me donne-t-il ?
M'élève-t-il d'un rang plus haut que souveraine ?
Et sans le posséder ne me vois-je pas reine ?
Grâces aux immortels[3], dans ma condition
J'ai de quoi m'assouvir[4] de cette ambition :
665 Je ne veux point changer mon sceptre contre un autre ;
Je perdrais ma couronne en acceptant la vôtre.
Corinthe est bon sujet, mais il veut voir son roi,
Et d'un prince éloigné rejetterait la loi.
Joignez à ces raisons qu'un père un peu sur l'âge,
670 Dont ma seule présence adoucit le veuvage,
Ne saurait se résoudre à séparer de lui
De ses débiles ans[5] l'espérance et l'appui,
Et vous reconnaîtrez que je ne vous préfère
Que le bien de l'État, mon pays et mon père.
675 Voilà ce qui m'oblige au choix d'un autre époux ;
Mais comme ces raisons font peu d'effet sur vous,
Afin de redonner le repos à votre âme,
Souffrez que je vous quitte.

ÉGÉE, *seul*.
Allez, allez, madame,
Étaler vos appas[6] et vanter vos mépris
680 À l'infâme sorcier qui charme vos esprits.

---

1. Sceptre : bâton ornemental tenu par le monarque et symbole de son autorité royale.

2. Pompeux : exagéré et lourd.

3. Immortels : les Dieux.

4. M'assouvir : me satisfaire.

5. Débiles ans : années de vieillesse.

6. Appas : charmes.

De cette indignité faites un mauvais conte[1] ;
Riez de mon ardeur[2], riez de votre honte ;
Favorisez celui de tous vos courtisans
Qui raillera le mieux le déclin de mes ans ;
Vous jouirez fort peu d'une telle insolence ;
Mon amour outragé court à la violence ;
Mes vaisseaux à la rade[3], assez proches du port,
N'ont que trop de soldats à faire un coup d'effort.
La jeunesse me manque, et non pas le courage :
Les rois ne perdent point les forces avec l'âge ;
Et l'on verra, peut-être avant ce jour fini,
Ma passion vengée, et votre orgueil puni.

---

1. Conte : histoire plaisante.
2. Ardeur : passion.
3. À la rade : étendue d'eau à la sortie du port et à l'abri des vents.

Acte III

Scène première

NÉRINE

Malheureux instrument du malheur qui nous presse,
Que j'ai pitié de toi, déplorable[1] princesse !
Avant que le soleil ait fait encore un tour,
Ta perte inévitable achève ton amour.
Ton destin te trahit, et ta beauté fatale
Sous l'appas[2] d'un hymen[3] t'expose à ta rivale ;
Ton sceptre[4] est impuissant à vaincre son effort ;
Et le jour de sa fuite est celui de ta mort.
Sa vengeance à la main elle n'a qu'à résoudre,
Un mot du haut des cieux fait descendre le foudre[5],
Les mers, pour noyer tout, n'attendent que sa loi ;
La terre offre à s'ouvrir sous le palais du roi ;
L'air tient les vents tout prêts à suivre sa colère,

---

1. Déplorable : digne de pitié.

2. Appas : charmes.

3. Hymen : union.

4. Sceptre : bâton ornemental tenu par le monarque et symbole de son autorité royale.

5. Le foudre : substantif souvent au masculin chez Corneille. Le foudre est l'éclair, symbole de la puissance de Jupiter, le roi des dieux.

Tant la nature esclave a peur de lui déplaire ;
Et si ce n'est assez de tous les éléments,
Les enfers vont sortir à ses commandements.
Moi, bien que mon devoir m'attache à son service,
710 Je lui prête à regret un silence complice ;
D'un louable désir mon cœur sollicité
Lui ferait avec joie une infidélité :
Mais loin de s'arrêter, sa rage découverte,
À celle de Créuse ajouterait ma perte ;
715 Et mon funeste[1] avis ne servirait de rien
Qu'à confondre mon sang dans les bouillons du sien.
D'un mouvement contraire à celui de mon âme,
La crainte de la mort m'ôte celle du blâme ;
Et ma timidité s'efforce d'avancer
720 Ce que hors du péril je voudrais traverser.

Scène II

Jason, Nérine

Jason

Nérine, eh bien, que dit, que fait notre exilée ?
Dans ton cher entretien s'est-elle consolée ?
Veut-elle bien céder à la nécessité[2] ?

Nérine

Je trouve en son chagrin moins d'animosité[3] ;

---

1. Funeste : malheureux.
2. Veut-elle bien céder à la nécessité : veut-elle bien se faire une raison ?
3. Animosité : malveillance à l'attention de quelqu'un.

725 De moment en moment son âme plus humaine
Abaisse sa colère, et rabat de sa haine :
Déjà son déplaisir ne vous veut plus de mal.

JASON

Fais-lui prendre pour tous un sentiment égal[1].
Toi, qui de mon amour connaissais la tendresse,
730 Tu peux connaître aussi quelle douleur me presse.
Je me sens déchirer le cœur à son départ :
Créuse en ses malheurs prend même quelque part,
Ses pleurs en ont coulé ; Créon même soupire,
Lui préfère à regret le bien de son empire
735 Et si dans son adieu son cœur moins irrité
En voulait mériter la libéralité[2],
Si jusque-là Médée apaisait ses menaces,
Qu'elle eût soin de partir avec ses bonnes grâces,
Je sais (comme il est bon) que ses trésors ouverts
740 Lui seraient sans réserve entièrement offerts,
Et malgré les malheurs où le sort l'a réduite,
Soulageraient sa peine et soutiendraient sa fuite.

NÉRINE

Puisqu'il faut se résoudre à ce bannissement,
Il faut en adoucir le mécontentement.
745 Cette offre y peut servir ; et par elle j'espère,
Avec un peu d'adresse, apaiser sa colère.
Mais, d'ailleurs, toutefois n'attendez rien de moi,
S'il faut prendre congé de Créuse et du roi ;

---

1. Fais-lui prendre pour tous un sentiment égal : qu'elle ait le même sentiment pour tout le monde.
2. Libéralité : générosité d'âme.

L'objet de votre amour et de sa jalousie
750 De toutes ses fureurs l'aurait tôt ressaisie.

JASON

Pour montrer sans les voir son courage apaisé,
Je te dirai, Nérine, un moyen fort aisé ;
Et de si longue main[1] je connais ta prudence,
Que je t'en fais sans peine entière confidence.
755 Créon bannit Médée, et ses ordres précis
Dans son bannissement enveloppaient[2] ses fils :
La pitié de Créuse a tant fait vers son père,
Qu'ils n'auront point de part au malheur de leur mère.
Elle lui doit par eux quelque remerciement ;
760 Qu'un présent de sa part suive leur compliment[3] :
Sa robe, dont l'éclat sied mal à sa fortune[4],
Et n'est à son exil qu'une charge importune[5],
Lui gagnerait le cœur d'un prince libéral[6],
Et de tous ses trésors l'abandon général.
765 D'une vaine parure, inutile à sa peine,
Elle peut acquérir de quoi faire la reine :
Créuse, ou je me trompe, en a quelque désir,
Et je ne pense pas qu'elle pût mieux choisir.
Mais la voici qui sort ; souffre que je l'évite :
770 Ma rencontre la trouble, et mon aspect[7] l'irrite.

---

1. De si longue main : depuis longtemps.
2. Enveloppaient : concernaient.
3. Compliment : discours de remerciement.
4. Fortune : destin, sort.
5. Importune : qui déplaît, indispose et ennuie.
6. Libéral : généreux.
7. Aspect : vue.

Scène III

Médée, Jason, Nérine

Médée

Ne fuyez pas, Jason, de ces funestes[1] lieux.
C'est à moi d'en partir : recevez mes adieux.
Accoutumée à fuir, l'exil m'est peu de chose ;
Sa rigueur[2] n'a pour moi de nouveau que sa cause.
775 C'est pour vous que j'ai fui, c'est vous qui me chassez.
Où me renvoyez-vous, si vous me bannissez ?
Irai-je sur le Phase, où j'ai trahi mon père,
Apaiser de mon sang les mânes[3] de mon frère ?
Irai-je en Thessalie, où le meurtre d'un roi
780 Pour victime aujourd'hui ne demande que moi ?
Il n'est point de climat dont mon amour fatale[4]
N'ait acquis à mon nom la haine générale ;
Et ce qu'ont fait pour vous mon savoir et ma main
M'a fait un ennemi de tout le genre humain.
785 Ressouviens-t'en[5], ingrat ; remets-toi dans la plaine
Que ces taureaux affreux brûlaient de leur haleine ;
Revois ce champ guerrier dont les sacrés sillons
Élevaient contre toi de soudains bataillons ;
Ce dragon qui jamais n'eut les paupières closes
790 Et lors[6] préfère-moi Créuse, si tu l'oses.

---

1. **Funestes** : malheureux.
2. **Rigueur** : sévérité.
3. **Mânes** : esprits des morts.
4. **Mon amour fatale** : ici « amour » est un substantif féminin.
5. **Ressouviens-t'en** : garde-le en mémoire.
6. **Lors** : en ce cas-là.

ACTE III, SCÈNE III

Qu'ai-je épargné depuis qui fût en mon pouvoir ?
Ai-je auprès de l'amour écouté mon devoir ?
Pour jeter un obstacle à l'ardente poursuite
Dont mon père en fureur touchait déjà ta fuite,
795 Semai-je avec regret mon frère par morceaux ?
À ce funeste[1] objet épandu[2] sur les eaux,
Mon père trop sensible aux droits de la nature,
Quitta tous autres soins[3] que de sa sépulture ;
Et par ce nouveau crime émouvant sa pitié,
800 J'arrêtai les effets de son inimitié[4].
Prodigue[5] de mon sang, honte de ma famille,
Aussi cruelle sœur que déloyale fille,
Ces titres glorieux plaisaient à mes amours ;
Je les pris sans horreur pour conserver tes jours.
805 Alors, certes, alors mon mérite était rare[6] ;
Tu n'étais point honteux d'une femme barbare[7].
Quand à ton père usé[8] je rendis la vigueur,
J'avais encor tes vœux, j'étais encor ton cœur ;
Mais cette affection mourant avec Pélie,
810 Dans le même tombeau se vit ensevelie :
L'ingratitude en l'âme et l'impudence[9] au front,
Une Scythe[10] en ton lit te fut lors un affront ;

---

1. Funeste : voir note 1, p. 60.
2. Épandu : répandu, semé.
3. Quitta tous autres soins : ne s'occupa plus.
4. Inimitié : haine.
5. Prodigue : dépensière.
6. Rare : hors du commun.
7. Barbare : sauvage, sans humanité.
8. Usé : affaibli par l'âge et les maladies.
9. Impudence : effronterie, manque de honte.
10. Une Scythe : citoyenne de la Scythie.

Et moi, que tes désirs avaient tant souhaitée,
Le dragon assoupi, la toison emportée,
815 Ton tyran massacré, ton père rajeuni,
Je devins un objet digne d'être banni.
Tes desseins[1] achevés, j'ai mérité ta haine,
Il t'a fallu sortir d'une honteuse chaîne[2],
Et prendre une moitié[3] qui n'a rien plus que moi,
820 Que le bandeau[4] royal que j'ai quitté pour toi.

JASON

Ah! que n'as-tu des yeux à lire[5] dans mon âme,
Et voir les purs motifs de ma nouvelle flamme!
Les tendres sentiments d'un amour paternel
Pour sauver mes enfants me rendent criminel,
825 Si l'on peut nommer crime un malheureux divorce,
Où le soin[6] que j'ai d'eux me réduit et me force.
Toi-même, furieuse, ai-je peu fait pour toi
D'arracher ton trépas[7] aux vengeances d'un roi?
Sans moi ton insolence allait être punie;
830 À ma seule prière on ne t'a que bannie.
C'est rendre la pareille à tes grands coups d'effort :
Tu m'as sauvé la vie, et j'empêche ta mort.

MÉDÉE

On ne m'a que bannie! ô bonté souveraine!

---

1. **Desseins** : projets.
2. **Chaîne** : dépendance.
3. **Moitié** : épouse.
4. **Bandeau** : bannière.
5. **À lire** : pour lire.
6. **Soin** : souci.
7. **Trépas** : mort.

ACTE III, SCÈNE III

C'est donc une faveur, et non pas une peine !
Je reçois une grâce[1] au lieu d'un châtiment !
Et mon exil encor doit un remerciement !
Ainsi l'avare soif du brigand assouvie,
Il s'impute à pitié de nous laisser la vie[2] ;
Quand il n'égorge point, il croit nous pardonner,
Et ce qu'il n'ôte pas, il pense le donner.

JASON

Tes discours, dont Créon de plus en plus s'offense,
Le forceraient enfin à quelque violence.
Éloigne-toi d'ici tandis qu'il t'est permis :
Les rois ne sont jamais de faibles ennemis.

MÉDÉE

À travers tes conseils je vois assez ta ruse ;
Ce n'est là m'en donner qu'en faveur de Créuse.
Ton amour, déguisé d'un soin officieux[3],
D'un objet importun[4] veut délivrer ses yeux.

JASON

N'appelle point amour un change[5] inévitable,
Où Créuse fait moins que le sort qui m'accable.

MÉDÉE

Peux-tu bien, sans rougir, désavouer tes feux[6] ?

---

1. Grâce : bienveillance, privilège.
2. Il s'impute à pitié de nous laisser la vie : il prétend nous avoir sauver la vie par pitié.
3. Officieux : serviable.
4. Importun : fâcheux, dérangeant.
5. Change : changement d'affection.
6. Feux : passion.

JASON

Eh bien, soit ; ses attraits captivent tous mes vœux :
Toi, qu'un amour furtif[1] souilla de tant de crimes,
M'oses-tu reprocher des ardeurs[2] légitimes ?

MÉDÉE

855 Oui, je te les reproche, et de plus…

JASON

                                  Quels forfaits[3] ?

MÉDÉE

La trahison, le meurtre, et tous ceux que j'ai faits.

JASON

Il manque encor[4] ce point à mon sort déplorable,
Que de tes cruautés on me fasse coupable.

MÉDÉE

Tu présumes en vain de t'en mettre à couvert[5] ;
860 Celui-là fait le crime à qui le crime sert.
Que chacun, indigné contre ceux de ta femme,
La traite en ses discours de méchante et d'infâme,
Toi seul, dont ses forfaits ont fait tout le bonheur,
Tiens-la pour innocente et défends son honneur.

---

1. Furtif : de courte durée et à la dérobée.
2. Ardeurs : désirs violents.
3. Forfaits : crimes.
4. Encor : encore.
5. Tu présumes en vain de t'en mettre à couvert : tu essaies en vain de t'en dédouaner.

JASON

865 J'ai honte de ma vie, et je hais son usage[1],
Depuis que je la dois aux effets de ta rage.

MÉDÉE

La honte généreuse, et la haute vertu!
Puisque tu la hais tant, pourquoi la gardes-tu?

JASON

Au bien de nos enfants, dont l'âge faible[2] et tendre[3]
870 Contre tant de malheurs ne saurait se défendre:
Deviens en leur faveur d'un naturel plus doux.

MÉDÉE

Mon âme à leur sujet redouble son courroux[4],
Faut-il ce déshonneur pour comble à mes misères,
Qu'à mes enfants Créuse enfin donne des frères?
875 Tu vas mêler, impie[5], et mettre en rang pareil
Des neveux de Sisyphe[6] avec ceux du Soleil[7]!

JASON

Leur grandeur soutiendra la fortune[8] des autres;
Créuse et ses enfants conserveront les nôtres.

---

1. Je hais son usage: je ne supporte plus d'être en vie.
2. Faible: sans force, fragile.
3. Tendre: jeune.
4. Courroux: colère.
5. Impie: qui offense les Dieux.
6. Sisyphe: fondateur mythique de Corinthe, l'homme fut condamné à rouler éternellement un rocher sur une colline. Or, à chaque fois qu'il en avait atteint le sommet, le rocher redescendait, obligeant Sisyphe à le remonter sans fin.
7. Ceux du Soleil: Médée est la petite-fille du Soleil.
8. Fortune: destin, sort.

MÉDÉE

Je l'empêcherai bien ce mélange odieux[1],
880 Qui déshonore ensemble et ma race et les dieux.

JASON

Lassés de tant de maux, cédons à la fortune[2].

MÉDÉE

Ce corps n'enferme pas une âme si commune ;
Je n'ai jamais souffert qu'elle me fît la loi,
Et toujours ma fortune a dépendu de moi.

JASON

885 La peur que j'ai d'un sceptre[3]...

MÉDÉE

                      Ah ! cœur rempli de feinte[4],
Tu masques tes désirs d'un faux titre de crainte ;
Un sceptre est l'objet seul qui fait ton nouveau choix.

JASON

Veux-tu que je m'expose aux haines de deux rois
Et que mon imprudence attire sur nos têtes,
890 D'un et d'autre côté, de nouvelles tempêtes ?

MÉDÉE

Fuis-les, fuis-les tous deux, suis Médée à ton tour,
Et garde au moins ta foi[5], si tu n'as plus d'amour.

---

1. Odieux : qui mérite la haine, détestable.
2. Fortune : destin, sort.
3. Sceptre : bâton ornemental tenu par le monarque et symbole de son autorité royale.
4. Rempli de feinte : trompeur.
5. Foi : parole.

Jason

Il est aisé de fuir, mais il n'est pas facile
Contre deux rois aigris[1] de trouver un asile[2].
Qui leur résistera, s'ils viennent à s'unir ?

Médée

Qui me résistera, si je te veux punir,
Déloyal ? Auprès d'eux crains-tu si peu Médée ?
Que toute leur puissance, en armes débordée[3],
Dispute contre moi ton cœur qu'ils m'ont surpris[4],
Et ne sois du combat que le juge et le prix !
Joins-leur[5], si tu le veux, mon père et la Scythie,
En moi seule ils n'auront que trop forte partie[6].
Bornes-tu mon pouvoir à celui des humains ?
Contr'eux[7], quand il me plaît, j'arme leurs propres mains ;
Tu le sais, tu l'as vu, quand ces fils de la Terre
Par leurs coups mutuels terminèrent leur guerre.
Misérable ! je puis adoucir des taureaux ;
La flamme m'obéit, et je commande aux eaux ;
L'enfer tremble, et les cieux, sitôt que je les nomme,
Et je ne puis toucher les volontés d'un homme !
Je t'aime encor[8], Jason, malgré ta lâcheté ;
Je ne m'offense plus de ta légèreté[9] :

---

1. **Aigris** : fâcheux, désagréables.
2. **Asile** : refuge.
3. **Débordée** : répandue.
4. **Surpris** : pris, dérobé.
5. **Joins-leur** : donne-leur.
6. **Que trop forte partie** : trop fort à faire.
7. **Contr'eux** : contre eux.
8. **Encor** : encore.
9. **Légèreté** : inconstance, instabilité.

Je sens à tes regards décroître ma colère ;
De moment en moment ma fureur se modère ;
Et je cours sans regret à mon bannissement,
Puisque j'en vois sortir ton établissement[1].
Je n'ai plus qu'une grâce à demander ensuite :
Souffre que mes enfants accompagnent ma fuite ;
Que je t'admire encore en chacun de leurs traits,
Que je t'aime et te baise en ces petits portraits ;
Et que leur cher objet, entretenant ma flamme[2],
Te présente à mes yeux aussi bien qu'à mon âme.

JASON

Ah ! reprends ta colère[3], elle a moins de rigueur[4].
M'enlever mes enfants, c'est m'arracher le cœur ;
Et Jupiter[5] tout prêt à m'écraser du foudre[6],
Mon trépas à la main, ne pourrait m'y résoudre.
C'est pour eux que je change ; et la Parque[7], sans eux,
Seule de notre hymen[8] pourrait rompre les nœuds.

MÉDÉE

Cet amour paternel, qui te fournit d'excuses[9],

---

1. Établissement : action d'établir quelqu'un dans une fonction digne de respect.
2. Flamme : amour.
3. Reprends ta colère : sois de nouveau en colère.
4. Rigueur : sévérité.
5. Jupiter : dans la mythologie romaine, le père des Dieux.
6. Foudre : substantif souvent au masculin chez Corneille. Le foudre est l'éclair, symbole de la puissance de Jupiter, le roi des dieux.
7. La Parque : dans la mythologie romaine, déesse qui préside aux destinées humaines de la naissance à la mort.
8. Hymen : union.
9. D'excuses : des excuses.

930 Me fait souffrir aussi que[1] tu me les refuses,
Je ne t'en presse plus[2] ; et prête à me bannir,
Je ne veux plus de toi qu'un léger souvenir.

JASON

Ton amour vertueux fait ma plus grande gloire ;
Ce serait me trahir qu'en perdre la mémoire :
935 Et le mien envers toi, qui demeure éternel,
T'en laisse en cet adieu le serment solennel.
Puissent briser mon chef[3] les traits[4] les plus sévères
Que lancent des grands dieux les plus âpres[5] colères ;
Qu'ils s'unissent ensemble afin de me punir,
940 Si je ne perds la vie avant ton souvenir !

Scène IV

MÉDÉE, NÉRINE

MÉDÉE

J'y donnerai bon ordre ; il est en ta puissance
D'oublier mon amour, mais non pas ma vengeance ;
Je la saurai graver en tes esprits glacés
Par des coups trop profonds pour en être effacés.
945 Il aime ses enfants, ce courage inflexible :
Son faible[6] est découvert ; par eux il est sensible,

---

1. Aussi que : alors que.
2. Je ne t'en presse plus : je ne te le demande plus.
3. Chef : tête.
4. Traits : flèches.
5. Âpres : sévères, violentes.
6. Faible : faiblesse.

Par eux mon bras, armé d'une juste rigueur[1],
Va trouver des chemins à lui percer le cœur.

NÉRINE

Madame, épargnez-les, épargnez vos entrailles ;
950 N'avancez point par là vos propres funérailles :
Contre un sang innocent pourquoi vous irriter,
Si Créuse en vos lacs[2] se vient précipiter ?
Elle-même s'y jette, et Jason vous la livre.

MÉDÉE

Tu flattes[3] mes désirs.

NÉRINE

Que je cesse de vivre,
955 Si ce que je vous dis n'est pure vérité !

MÉDÉE

Ah ! ne me tiens donc plus l'âme en perplexité[4] !

NÉRINE

Madame, il faut garder[5] que quelqu'un ne nous voie,
Et du palais du roi découvre notre joie :
Un dessein[6] éventé[7] succède[8] rarement.

MÉDÉE

960 Rentrons donc, et mettons nos secrets sûrement[9].

---

1. **Rigueur :** sévérité.
2. **En vos lacs :** dans les filets de votre piège.
3. **Tu flattes :** tu trompes.
4. **En perplexité :** dans la confusion.
5. **Garder :** éviter.
6. **Dessein :** projet.
7. **Éventé :** découvert.
8. **Succède :** réussit.
9. **Sûrement :** en sûreté.

Acte IV

Scène première

MÉDÉE, NÉRINE

MÉDÉE, *seule dans sa grotte magique.*
C'est trop peu[1] de Jason que ton œil me dérobe,
C'est trop peu de mon lit, tu veux encor ma robe,
Rivale insatiable[2] ; et c'est encor[3] trop peu,
Si, la force à la main, tu l'as sans mon aveu[4] ;
965 Il faut que par moi-même elle te soit offerte,
Que perdant mes enfants, j'achète encor leur perte ;
Il en faut un hommage à tes divins attraits[5],
Et des remerciements au vol que tu me fais.
Tu l'auras ; mon refus serait un nouveau crime :
970 Mais je t'en veux parer pour être ma victime,
Et sous un faux semblant de libéralité[6],
Soûler[7] et ma vengeance et ton avidité.

---

1. C'est trop peu : ce n'est pas suffisant.
2. Insatiable : qui ne peut être satisfaite.
3. Encor : encore.
4. Sans mon aveu : sans mon autorisation.
5. Attraits : charmes.
6. Libéralité : générosité d'âme.
7. Soûler : satisfaire.

Le charme est achevé[1], tu peux entrer, Nérine.
Nérine entre, et Médée continue.
Mes maux dans ces poisons trouvent leur médecine[2] :
975 Vois combien de serpents à mon commandement
D'Afrique jusqu'ici n'ont tardé qu'un moment,
Et contraints d'obéir à mes charmes[3] funestes[4],
Ont sur ce don fatal vomi toutes leurs pestes[5].
L'amour à tous mes sens ne fut jamais si doux[6]
980 Que ce triste appareil[7] à mon esprit jaloux.
Ces herbes ne sont pas d'une vertu commune ;
Moi-même en les cueillant je fis pâlir la lune,
Quand, les cheveux flottants, le bras et le pied nu,
J'en dépouillai jadis un climat inconnu.
985 Vois mille autres venins : cette liqueur épaisse
Mêle du sang de l'hydre[8] avec celui de Nesse[9] ;
Python[10] eut cette langue ; et ce plumage noir
Est celui qu'une harpie[11] en fuyant laissa choir ;
Par ce tison[12] Althée[13] assouvit sa colère,

---

1. Achevé : prêt.
2. Médecine : remède.
3. Charmes : sortilèges.
4. Funestes : malheureux.
5. Pestes : poisons.
6. Doux : agréable.
7. Appareil : grandeur, magnificence.
8. Hydre : serpent fabuleux à sept têtes qui repoussaient, en se multipliant, dès qu'on les coupait.
9. Nesse : il s'agit d'un centaure, créature mythologique mi-homme mi-cheval, issu de l'union d'Ixion et de Néphélé.
10. Python : serpent monstrueux de Delphes.
11. Harpie : divinité de la vengeance et de la dévastation.
12. Tison : reste d'une bûche ayant brûlé.
13. Althée : mère de Méléagre, elle tua ce dernier en jetant dans le feu une bûche dont l'oracle avait dit qu'une fois consumée, elle causerait la mort de son fils.

ACTE IV, SCÈNE PREMIÈRE

990 Trop pitoyable sœur et trop cruelle mère ;
Ce feu tomba du ciel avecque[1] Phaéthon[2],
Cet autre vient des flots du pierreux[3] Phlégéthon[4] ;
Et celui-ci jadis remplit en nos contrées
Des taureaux de Vulcain les gorges ensoufrées[5].
995 Enfin, tu ne vois là poudres, racines, eaux,
Dont le pouvoir mortel n'ouvrît mille tombeaux ;
Ce présent déceptif[6] a bu toute leur force,
Et bien mieux que mon bras vengera mon divorce.
Mes tyrans par leur perte apprendront que jamais...
1000 Mais d'où vient ce grand bruit que j'entends au palais ?

NÉRINE

Du bonheur de Jason et du malheur d'Égée :
Madame, peu s'en faut, qu'il ne vous ait vengée.
Ce généreux vieillard, ne pouvant supporter
Qu'on lui vole à ses yeux ce qu'il croit mériter,
1005 Et que sur sa couronne et sa persévérance
L'exil de votre époux ait eu la préférence,
A tâché par la force à repousser l'affront
Que ce nouvel hymen[7] lui porte sur le front.
Comme cette beauté, pour lui toute de glace,
1010 Sur les bords de la mer contemplait la bonace[8],

---

1. Avecque : avec.
2. Phaéton : fils du Soleil qui meurt foudroyé pour avoir perdu le contrôle du char de son père.
3. Pierreux : plein de pierres.
4. Phlégéthon : fleuve des Enfers, affluent de l'Achéron.
5. Ensoufrées : imprégnées de la vapeur du soufre.
6. Présent déceptif : cadeau trompeur.
7. Hymen : union.
8. Bonace : calme de la mer après un orage.

Il la voit mal suivie, et prend un si beau temps[1]
À rendre ses désirs et les vôtres contents.
De ses meilleurs soldats une troupe choisie
Enferme la princesse, et sert sa jalousie[2] ;
1015 L'effroi qui la surprend la jette en pâmoison[3] ;
Et tout ce qu'elle peut, c'est de nommer Jason.
Ses gardes à l'abord[4] font quelque résistance,
Et le peuple leur prête une faible assistance ;
Mais l'obstacle léger de ces débiles[5] cœurs
1020 Laissait honteusement Créuse à leurs vainqueurs :
Déjà presque en leur bord elle était enlevée...

MÉDÉE

Je devine la fin, mon traître l'a sauvée.

NÉRINE

Oui, madame, et de plus Égée est prisonnier ;
Votre époux à son myrte[6] ajoute ce laurier[7] :
1025 Mais apprenez comment.

MÉDÉE

N'en dis pas davantage :
Je ne veux point savoir ce qu'a fait son courage ;
Il suffit que son bras a travaillé pour nous,
Et rend une victime à mon juste courroux.

---

1. Un si beau temps : une si belle opportunité.
2. Sert sa jalousie : obéit à sa jalousie.
3. La jette en pâmoison : la fait s'évanouir.
4. À l'abord : au début.
5. Débiles : faibles.
6. Myrte : fleur blanche symbole de l'amour et de la déesse Vénus.
7. Laurier : symbole de la gloire militaire.

Nérine, mes douleurs auraient peu d'allégeance[1],
1030 Si cet enlèvement l'ôtait à ma vengeance ;
Pour quitter son pays en est-on malheureux ?
Ce n'est pas son exil, c'est sa mort que je veux ;
Elle aurait trop d'honneur de n'avoir que ma peine,
Et de verser des pleurs pour être deux fois reine.
1035 Tant d'invisibles feux[2] enfermés dans ce don,
Que d'un titre[3] plus vrai j'appelle ma rançon,
Produiront des effets bien plus doux à ma haine.

Nérine

Par là vous vous vengez, et sa perte est certaine :
Mais contre la fureur de son père irrité
1040 Où pensez-vous trouver un lieu de sûreté ?

Médée

Si la prison d'Égée a suivi sa défaite,
Tu peux voir qu'en l'ouvrant je m'ouvre une retraite[4],
Et que ses fers brisés, malgré leurs attentats[5],
À ma protection engagent ses États.
1045 Dépêche[6] seulement, et cours vers ma rivale
Lui porter de ma part cette robe fatale[7] :
Mène-lui[8] mes enfants, et fais-les, si tu peux,
Présenter par leur père à l'objet de ses vœux.

---

1. Mes douleurs auraient peu d'allégeance : mes peines me seraient une maigre consolation.
2. Feux : flammes du poison.
3. Titre : nom.
4. Retraite : lieu où se retirer.
5. Attentats : crimes.
6. Dépêche : fais vite.
7. Fatale : qui porte en soi un destin irréversible.
8. Mène-lui : amène-lui.

NÉRINE

Mais, madame, porter cette robe empestée[1],
1050 Que de tant de poisons vous avez infectée,
C'est pour votre Nérine un trop funeste[2] emploi[3] :
Avant que sur Créuse ils agiraient sur moi.

MÉDÉE

Ne crains pas leur vertu, mon charme[4] la modère[5],
Et lui défend d'agir que sur elle et son père ;
1055 Pour un si grand effet prends un cœur plus hardi[6],
Et sans me répliquer, fais ce que je te di[7].

Scène II

CRÉON, POLLUX, SOLDATS

CRÉON

Nous devons bien chérir cette valeur parfaite
Qui de nos ravisseurs nous donne la défaite.
Invincible héros, c'est à votre secours
1060 Que je dois désormais le bonheur de mes jours ;
C'est vous seul aujourd'hui dont la main vengeresse
Rend à Créon sa fille, à Jason sa maîtresse,

---

1. Empestée : empoisonnée.
2. Funeste : malheureux.
3. Emploi : tâche.
4. Charme : sortilège.
5. Modère : atténue.
6. Hardi : intrépide et ferme.
7. Di : dis. L'orthographe obéit ici à une liberté poétique de Corneille pour obtenir une rime visuelle avec « hardi ».

Met Égée en prison et son orgueil à bas[1],
Et fait mordre la terre à ses meilleurs soldats.

Pollux

1065 Grand roi, l'heureux succès de cette délivrance
Vous est beaucoup mieux dû qu'à mon peu de vaillance :
C'est vous seul et Jason, dont les bras indomptés
Portaient avec effroi la mort de tous côtés,
Pareils à deux lions dont l'ardente furie
1070 Dépeuple en un moment toute une bergerie.
L'exemple glorieux de vos faits plus qu'humains
Échauffait mon courage et conduisait mes mains :
J'ai suivi, mais de loin, des actions si belles,
Qui laissaient à mon bras tant d'illustres modèles.
1075 Pourrait-on reculer en combattant sous vous[2],
Et n'avoir point de cœur[3] à seconder vos coups ?

Créon

Votre valeur, qui souffre en cette repartie[4],
Ôte toute croyance à votre modestie ;
Mais puisque le refus d'un honneur mérité
1080 N'est pas un petit trait de générosité,
Je vous laisse en jouir. Auteur de la victoire,
Ainsi qu'il vous plaira, départez-en[5] la gloire ;
Comme elle est votre bien, vous pouvez la donner.
Que prudemment les dieux savent tout ordonner !
1085 Voyez, brave guerrier, comme votre arrivée

---

1. À bas : au plus bas.
2. Sous vous : sous vos ordres.
3. Cœur : courage.
4. Répartie : réponse rapide.
5. Départez-en : partagez-en.

Au jour de nos malheurs se trouve réservée,
Et qu'au point que le sort osait nous menacer,
Ils nous ont envoyé de quoi le terrasser.
Digne sang de leur roi, demi-dieu[1] magnanime[2],
1090 Dont la vertu ne peut recevoir trop d'estime,
Qu'avons-nous plus à craindre ? et quel destin jaloux,
Tant que nous vous aurons, s'osera prendre à nous ?

POLLUX

Appréhendez pourtant, grand prince,

CRÉON

Et quoi ?

POLLUX

Médée,
Qui par vous de son lit se voit dépossédée[3].
1095 Je crains qu'il ne vous soit malaisé[4] d'empêcher
Qu'un gendre valeureux ne vous coûte bien cher.
Après l'assassinat d'un monarque et d'un frère,
Peut-il être de sang[5] qu'elle épargne ou révère[6] ?
Accoutumée au meurtre, et savante[7] en poison,
1100 Voyez ce qu'elle a fait pour acquérir Jason ;
Et ne présumez pas, quoi que Jason vous die[8],
Que pour le conserver elle soit moins hardie.

---

1. Demi-dieu : héros.
2. Magnanime : qui pardonne.
3. Qui par vous de son lit se voit dépossédée : qui se voit privée de son mariage à cause de vous.
4. Malaisé : difficile.
5. Peut-il être de sang : existe-t-il quelqu'un.
6. Révère : honore avec une crainte respectueuse.
7. Savante : experte.
8. Die : dise.

Créon

C'est de quoi mon esprit n'est plus inquiété ;
Par son bannissement j'ai fait ma sûreté ;
1105 Elle n'a que fureur et que vengeance en l'âme,
Mais, en si peu de temps, que peut faire une femme ?
Je n'ai prescrit qu'un jour de terme à son départ.

Pollux

C'est peu pour une femme, et beaucoup pour son art[1] ;
Sur le pouvoir humain ne réglez pas les charmes[2].

Créon

1110 Quelques puissants qu'ils soient, je n'en ai point d'alarmes[3] ;
Et quand bien[4] ce délai devrait tout hasarder[5],
Ma parole est donnée, et je la veux garder.

Scène III

Créon, Pollux, Cléone

Créon

Que font nos deux amants, Cléone ?

Cléone

                              La princesse,
Seigneur, près de Jason reprend son allégresse[6] ;

---

1. Art : techniques de magicienne ici.
2. Charmes : sortilèges.
3. Alarmes : craintes.
4. Quand bien : quand bien même.
5. Hasarder : risquer, exposer aux chances du hasard.
6. Allégresse : grande joie.

1115 Et ce qui sert beaucoup à son contentement,
C'est de voir que Médée est sans ressentiment[1].

CRÉON
Et quel dieu si propice[2] a calmé son courage ?

CLÉONE
Jason, et ses enfants, qu'elle vous laisse en gage.
La grâce que pour eux madame obtient de vous
1120 A calmé les transports[3] de son esprit jaloux.
Le plus riche présent qui fût en sa puissance
À ses remerciements joint sa reconnaissance.
Sa robe sans pareille, et sur qui nous voyons
Du Soleil son aïeul briller mille rayons,
1125 Que la princesse même avait tant souhaitée,
Par ces petits héros lui vient d'être apportée,
Et fait voir clairement les merveilleux effets
Qu'en un cœur irrité produisent les bienfaits.

CRÉON
Eh bien, qu'en dites-vous ? Qu'avons-nous plus à craindre ?

POLLUX
1130 Si vous ne craignez rien, que je vous trouve à plaindre !

CRÉON
Un si rare[4] présent montre un esprit remis[5].

---

1. Ressentiment : haine.
2. Si propice : si favorable.
3. Transports : agitations.
4. Rare : exceptionnel.
5. Remis : serein, apaisé.

Pollux

J'eus toujours pour suspects les dons des ennemis.
Ils font assez souvent ce que n'ont pu leurs armes ;
Je connais de Médée et l'esprit et les charmes[1],
Et veux bien m'exposer au plus cruel trépas[2],
Si ce rare[3] présent n'est un mortel appas[4].

Créon

Ses enfants si chéris qui nous servent d'otages,
Nous peuvent-ils laisser quelque sorte d'ombrages[5] ?

Pollux

Peut-être que contre eux s'étend sa trahison,
Qu'elle ne les prend plus que pour ceux de Jason,
Et qu'elle s'imagine, en haine de leur père,
Que n'étant plus sa femme, elle n'est plus leur mère.
Renvoyez-lui, seigneur, ce don pernicieux[6],
Et ne vous chargez point d'un poison précieux[7].

Cléone

Madame cependant en est toute ravie,
Et de s'en voir parée elle brûle d'envie.

---

1. Charmes : sortilèges.
2. Trépas : mort.
3. Rare : voir note 4, p. 80.
4. Appas : charmes.
5. Ombrages : soupçons, craintes.
6. Pernicieux : dangereux.
7. Précieux : fait avec art et délicatesse.

Pollux

Où le péril égale et passe[1] le plaisir,
Il faut se faire force[2], et vaincre son désir.
Jason, dans son amour, a trop de complaisance[3]
De souffrir qu'un tel don s'accepte en sa présence.

Créon

Sans rien mettre au hasard, je saurai dextrement[4]
Accorder vos soupçons et son contentement.
Nous verrons dès ce soir, sur une criminelle,
Si ce présent nous cache une embûche[5] mortelle.
Nise, pour ses forfaits[6] destinée à mourir,
Ne peut par cette épreuve injustement périr ;
Heureuse, si sa mort nous rendait ce service,
De nous en découvrir le funeste[7] artifice[8] !
Allons-y de ce pas, et ne consumons plus
De temps[9] ni de discours en débats superflus.

---

1. **Passe** : surpasse.
2. **Il faut se faire force** : il faut se forcer.
3. **Complaisance** : indulgence.
4. **Dextrement** : avec habileté, dextérité.
5. **Embûche** : piège.
6. **Forfaits** : crimes.
7. **Funeste** : malheureux.
8. **Artifice** : ruse.
9. **Ne consumons plus de temps** : ne perdons plus de temps.

Scène IV

ÉGÉE, *en prison.*
Demeure affreuse des coupables,
Lieux maudits, funeste[1] séjour,
Dont jamais avant mon amour
Les sceptres[2] n'ont été capables.
Redoublez puissamment votre mortel effroi,
Et joignez à mes maux une si vive atteinte,
Que mon âme chassée, ou s'enfuyant de crainte,
Dérobe à mes vainqueurs le supplice d'un roi.

Le triste bonheur où j'aspire !
Je ne veux que hâter ma mort,
Et n'accuse mon mauvais sort
Que de souffrir[3] que je respire.
Puisqu'il me faut mourir, que je meure à mon choix[4];
Le coup m'en sera doux, s'il est sans infamie :
Prendre l'ordre à mourir d'une main ennemie,
C'est mourir, pour un roi, beaucoup plus d'une fois.

Malheureux prince, on te méprise
Quand tu t'arrêtes à servir :
Si tu t'efforces de ravir,
Ta prison suit ton entreprise[5].

---

1. Funeste : voir note 7, p. 82.
2. Sceptres : bâtons ornementaux tenus par les monarques et symboles de leur autorité royale.
3. Souffrir : accepter.
4. À mon choix : comme je le veux.
5. Entreprise : dessein formé que l'on met à exécution.

Ton amour qu'on dédaigne et ton vain attentat
D'un éternel affront vont souiller ta mémoire :
L'un t'a déjà coûté ton repos et ta gloire ;
L'autre te va coûter ta vie et ton État.

1185
        Destin, qui punis mon audace,
        Tu n'as que de justes rigueurs[1] ;
        Et s'il est d'assez tendres cœurs
        Pour compatir à ma disgrâce,
Mon feu[2] de leur tendresse étouffe la moitié,
1190 Puisqu'à bien comparer mes fers avec ma flamme[3],
Un vieillard amoureux mérite plus de blâme
Qu'un monarque en prison n'est digne de pitié.

        Cruel auteur de ma misère,
        Peste des cœurs, tyran des rois,
1195   Dont les impérieuses lois
        N'épargnent pas même ta mère[4],
Amour, contre Jason tourne ton trait[5] fatal ;
Au pouvoir de tes dards[6] je remets[7] ma vengeance :
Atterre[8] son orgueil, et montre ta puissance
1200 À perdre également l'un et l'autre rival.

---

1. **Rigueurs** : sévérité.
2. **Feu** : passion.
3. **Flamme** : amour.
4. **Ta mère** : Vénus.
5. **Trait** : flèche.
6. **Dards** : armes au bout empoisonné.
7. **Remets** : confie.
8. **Atterre** : mets à terre, rabaisse.

Qu'une implacable jalousie
Suive son nuptial flambeau ;
Que sans cesse un objet nouveau
S'empare de sa fantaisie ;
1205 Que Corinthe à sa vue accepte un autre roi ;
Qu'il puisse voir sa race à ses yeux égorgée ;
Et, pour dernier malheur, qu'il ait le sort d'Égée,
Et devienne à mon âge amoureux comme moi !

Scène V

ÉGÉE, MÉDÉE

ÉGÉE

Mais d'où vient ce bruit sourd ? quelle pâle lumière
1210 Dissipe ces horreurs et frappe ma paupière ?
Mortel, qui que tu sois, détourne ici tes pas,
Et de grâce m'apprends l'arrêt[1] de mon trépas[2],
L'heure, le lieu, le genre[3] ; et si ton cœur sensible
À la compassion peut se rendre accessible,
1215 Donne-moi les moyens d'un généreux effort
Qui des mains des bourreaux affranchisse[4] ma mort.

MÉDÉE

Je viens l'en affranchir. Ne craignez plus, grand prince ;

---

1. **Arrêt** : arrêt de mort.
2. **Trépas** : mort.
3. **Genre** : manière de tuer.
4. **Affranchisse** : libère enfin.

Ne pensez qu'à revoir votre chère province[1] ;

> *Elle donne un coup de baguette sur la porte*
> *de la prison, qui s'ouvre aussitôt ; et en ayant tiré Égée,*
> *elle en donne encore un sur ses fers, qui tombent.*

Ni grilles ni verrous ne tiennent contre moi.
1220 Cessez, indignes fers, de captiver[2] un roi ;
Est-ce à vous à presser[3] les bras d'un tel monarque ?
Et vous, reconnaissez Médée à cette marque[4],
Et fuyez un tyran dont le forcènement[5]
Joindrait votre supplice à mon bannissement ;
1225 Avec la liberté reprenez le courage.

ÉGÉE

Je les reprends tous deux pour vous en faire hommage,
Princesse, de qui l'art propice[6] aux malheureux
Oppose un tel miracle à mon sort rigoureux ;
Disposez de ma vie, et du sceptre[7] d'Athènes ;
1230 Je dois et l'une et l'autre à qui brise mes chaînes.
Si votre heureux secours me tire de danger,
Je ne veux en sortir qu'afin de vous venger ;
Et si je puis jamais avec votre assistance
Arriver jusqu'aux lieux de mon obéissance[8],
1235 Vous me verrez, suivi de mille bataillons,

---

1. Votre chère province : ici Athènes.
2. Captiver : tenir en captivité.
3. Presser : exercer une pression par les fers.
4. Marque : signe distinctif.
5. Forcènement : folie, furie.
6. Propice : favorable.
7. Sceptre : bâton ornemental tenu par le monarque et symbole de son autorité royale.
8. Lieux de mon obéissance : mon royaume.

Sur ces murs renversés[1] planter mes pavillons[2],
Punir leur traître roi de vous avoir bannie,
Dedans[3] le sang des siens noyer sa tyrannie,
Et remettre en vos mains et Créuse et Jason,
1240 Pour venger votre exil plutôt que ma prison.

MÉDÉE

Je veux une vengeance et plus haute[4] et plus prompte ;
Ne l'entreprenez pas[5], votre offre me fait honte :
Emprunter le secours d'aucun[6] pouvoir humain,
D'un reproche éternel diffamerait[7] ma main.
1245 En est-il, après tout, aucun qui ne me cède ?
Qui force la nature, a-t-il besoin qu'on l'aide ?
Laissez-moi le souci de venger mes ennuis,
Et par ce que j'ai fait, jugez ce que je puis ;
L'ordre en est tout donné, n'en soyez point en peine :
1250 C'est demain que mon art fait triompher ma haine ;
Demain je suis Médée, et je tire raison
De mon bannissement et de votre prison.

ÉGÉE

Quoi ! madame, faut-il que mon peu de puissance
Empêche les devoirs de ma reconnaissance ?
1255 Mon sceptre ne peut-il être employé pour vous ?
Et vous serai-je ingrat autant que votre époux ?

---

1. Renversés : abattus après un siège militaire.

2. Planter mes pavillons : hisser mes drapeaux en signe de victoire.

3. Dedans : dans.

4. Haute : avec plus d'éclat et de force.

5. Ne l'entreprenez pas : ne vous adressez pas à lui.

6. D'aucun : de quelque.

7. Diffamerait : porterait atteinte.

MÉDÉE

Si je vous ai servi, tout ce que j'en souhaite,
C'est de trouver chez vous une sûre retraite[1],
Où de mes ennemis menaces ni présents
1260 Ne puissent plus troubler le repos de mes ans.
Non pas que je les craigne; eux et toute la terre
À leur confusion me livreraient la guerre;
Mais je hais ce désordre, et n'aime pas à voir
Qu'il me faille pour vivre user de mon savoir[2].

ÉGÉE

1265 L'honneur de recevoir une si grande hôtesse[3]
De mes malheurs passés efface la tristesse.
Disposez d'un pays qui vivra sous vos lois,
Si vous l'aimez assez pour lui donner des rois;
Si mes ans ne vous font mépriser ma personne,
1270 Vous y partagerez mon lit et ma couronne:
Sinon, sur mes sujets faites état d'avoir,
Ainsi que sur moi-même, un absolu pouvoir.
Allons, madame, allons; et par votre conduite
Faites la sûreté[4] que demande ma fuite.

MÉDÉE

1275 Ma vengeance n'aurait qu'un succès imparfait:
Je ne me venge pas, si je n'en vois l'effet[5];

---

1. Retraite: lieu où se retirer.
2. Savoir: enchantements et sortilèges.
3. Hôtesse: invitée.
4. Faites la sûreté: sécurisez.
5. Effet: conséquence.

Je dois à mon courroux l'heur[1] d'un si doux spectacle.
Allez, prince, et sans moi ne craignez point d'obstacle.
Je vous suivrai demain par un chemin nouveau.
1280 Pour votre sûreté conservez cet anneau ;
Sa secrète vertu, qui vous fait invisible,
Rendra votre départ de tous côtés paisible.
Ici, pour empêcher l'alarme que le bruit
De votre délivrance aurait bientôt produit,
1285 Un fantôme pareil et de taille et de face,
Tandis que vous fuirez, remplira votre place.
Partez sans plus tarder, prince chéri des dieux,
Et quittez pour jamais ces détestables lieux.

ÉGÉE

J'obéis sans réplique, et je pars sans remise[2].
1290 Puisse d'un prompt[3] succès votre grande entreprise
Combler nos ennemis d'un mortel désespoir,
Et me donner bientôt le bien de vous revoir !

---

1. Heur : bonheur.
2. Sans remise : sans délai.
3. Prompt : rapide.

Acte V

Scène première

MÉDÉE, THEUDAS

THEUDAS
Ah, déplorable[1] prince ! ah, fortune[2] cruelle !
Que je porte à Jason une triste nouvelle !

MÉDÉE, *lui donnant un coup de baguette qui le fait demeurer immobile.*

1295 Arrête, misérable, et m'apprends quel effet
A produit chez le roi le présent que j'ai fait.

THEUDAS
Dieux ! je suis dans les fers d'une invisible chaîne !

MÉDÉE
Dépêche, ou ces longueurs attireront ma haine.

THEUDAS
Apprenez donc l'effet le plus prodigieux[3]
1300 Que jamais la vengeance ait offert à nos yeux.

---

1. Déplorable : malheureux.
2. Fortune : destin, sort.
3. Prodigieux : surnaturel.

ACTE V, SCÈNE PREMIÈRE

Votre robe a fait peur, et sur Nise éprouvée[1],
En dépit des soupçons, sans péril[2] s'est trouvée ;
Et cette épreuve a su si bien les assurer[3],
Qu'incontinent[4] Créuse a voulu s'en parer[5] ;
1305 Mais cette infortunée à peine l'a vêtue,
Qu'elle sent aussitôt une ardeur[6] qui la tue :
Un feu subtil[7] s'allume, et ses brandons[8] épars
Sur votre don fatal courent de toutes parts ;
Et Cléone et le roi s'y jettent pour l'éteindre ;
1310 Mais (ô nouveau sujet de pleurer et de plaindre !)
Ce feu saisit le roi ; ce prince en un moment
Se trouve enveloppé du même embrasement.

MÉDÉE

Courage ! enfin il faut que l'un et l'autre meure.

THEUDAS

La flamme disparaît, mais l'ardeur leur demeure ;
1315 Et leurs habits charmés[9], malgré nos vains efforts,
Sont des brasiers secrets attachés à leurs corps ;
Qui veut les dépouiller lui-même les déchire,
Et ce nouveau secours est un nouveau martyre.

---

1. **Éprouvée** : testée.
2. **Sans péril** : sans danger.
3. **Assurer** : rassurer.
4. **Incontinent** : aussitôt.
5. **S'en parer** : la revêtir.
6. **Ardeur** : ici, feu.
7. **Subtil** : qui se propage très vite.
8. **Brandons** : braises, morceaux d'étoffe enflammés.
9. **Charmés** : ensorcelés.

Médée
Que dit mon déloyal ? que fait-il là-dedans ?

Theudas
1320 Jason, sans rien savoir de tous ces accidents[1],
S'acquitte des devoirs d'une amitié civile
À conduire Pollux hors des murs de la ville,
Qui va se rendre en hâte aux noces de sa sœur,
Dont bientôt Ménélas[2] doit être possesseur ;
1325 Et j'allais lui porter ce funeste[3] message.

Médée *lui donne un autre coup de baguette.*
Va, tu peux maintenant achever ton voyage.

Scène II

Médée
Est-ce assez, ma vengeance, est-ce assez de deux morts ?
Consulte avec loisir tes plus ardents transports[4].
Des bras de mon perfide[5] arracher une femme,
1330 Est-ce pour[6] assouvir les fureurs de mon âme ?
Que n'a-t-elle déjà des enfants de Jason,
Sur qui plus pleinement venger sa trahison !
Suppléons-y des miens[7] ; immolons avec joie

---

1. **Accidents** : incidents.
2. **Ménélas** : roi de Sparte.
3. **Funeste** : malheureux.
4. **Transports** : agitations.
5. **Perfide** : ici Jason.
6. **Est-ce pour** : est-ce assez pour.
7. **Suppléons-y des miens** : remplaçons-les par les miens.

ACTE V, SCÈNE II

Ceux qu'à me dire adieu Créuse me renvoie :
1335 Nature, je le puis sans violer ta loi ;
Ils viennent de sa part, et ne sont plus à moi.
Mais ils sont innocents ; aussi l'était mon frère ;
Ils sont trop criminels d'avoir Jason pour père ;
Il faut que leur trépas redouble son tourment ;
1340 Il faut qu'il souffre en père aussi bien qu'en amant.
Mais quoi ! j'ai beau contre eux animer mon audace,
La pitié la combat, et se met en sa place :
Puis, cédant tout à coup la place à ma fureur,
J'adore les projets qui me faisaient horreur :
1345 De l'amour aussitôt je passe à la colère,
Des sentiments de femme aux tendresses de mère.
Cessez dorénavant, pensers[1] irrésolus[2],
D'épargner des enfants que je ne verrai plus.
Chers fruits de mon amour, si je vous ai fait naître,
1350 Ce n'est pas seulement pour caresser un traître :
Il me prive de vous, et je l'en vais priver.
Mais ma pitié renaît, et revient me braver[3] ;
Je n'exécute rien, et mon âme éperdue
Entre deux passions demeure suspendue.
1355 N'en délibérons plus, mon bras en résoudra.
Je vous perds, mes enfants ; mais Jason vous perdra ;
Il ne vous verra plus... Créon sort tout en rage ;
Allons à son trépas joindre ce triste ouvrage.

---

1. Pensers : pensées.
2. Irrésolus : indécis.
3. Braver : montrer du courage en dépit du danger.

Scène III

CRÉON, DOMESTIQUES

CRÉON

Loin de me soulager vous croissez[1] mes tourments ;
1360 Le poison à mon corps unit mes vêtements ;
Et ma peau, qu'avec eux votre secours m'arrache,
Pour suivre votre main de mes os se détache.
Voyez comme mon sang en coule à gros ruisseaux :
Ne me déchirez plus[2], officieux[3] bourreaux ;
1365 Votre pitié pour moi s'est assez hasardée[4] ;
Fuyez, ou ma fureur vous prendra pour Médée.
C'est avancer ma mort que de me secourir ;
Je ne veux que moi-même à m'aider à mourir.
Quoi ! vous continuez, canailles infidèles[5] !
1370 Plus je vous le défends, plus vous m'êtes rebelles !
Traîtres, vous sentirez encor[6] ce que je puis ;
Je serai votre roi, tout mourant que je suis ;
Si mes commandements ont trop peu d'efficace[7],
Ma rage pour le moins me fera faire place :
1375 Il faut ainsi payer votre cruel secours.

Il se défait d'eux et les chasse à coups d'épée.

---

1. **Croissez** : augmentez.
2. **Ne me déchirez plus** : ne me mettez plus en pièces.
3. **Officieux** : serviables.
4. **Hasardée** : égarée.
5. **Infidèles** : sans foi religieuse.
6. **Encor** : encore.
7. **D'efficace** : d'efficacité.

Scène IV

Créon, Créuse, Cléone

Créuse

Où fuyez-vous de moi, cher auteur de mes jours ?
Fuyez-vous l'innocente et malheureuse source
D'où prennent tant de maux leur effroyable course ?
Ce feu qui me consume et dehors et dedans
Vous venge-t-il trop peu de mes vœux imprudents ?
Je ne puis excuser mon indiscrète envie[1]
Qui donne le trépas à qui je dois la vie :
Mais soyez satisfait des rigueurs[2] de mon sort,
Et cessez d'ajouter votre haine à ma mort.
L'ardeur[3] qui me dévore, et que j'ai méritée,
Surpasse en cruauté l'aigle de Prométhée[4],
Et je crois qu'Ixion[5] au choix des châtiments
Préférerait sa roue à mes embrasements.

Créon

Si ton jeune désir eut beaucoup d'imprudence,
Ma fille, j'y devais opposer ma défense.
Je n'impute qu'à moi l'excès de mes malheurs,
Et j'ai part[6] en ta faute ainsi qu'en tes douleurs.

---

1. Envie : jalousie.

2. Rigueurs : sévérités.

3. Ardeur : passion.

4. L'aigle de Prométhée : dans la mythologie, Prométhée, après avoir volé le feu des dieux pour le porter aux hommes, fut puni en ayant son foie, qui repousse éternellement, dévoré par un aigle.

5. Ixion : dans la mythologie, personnage attaché à une roue enflammée qui tourne sans jamais s'arrêter.

6. J'ai part : je porte la responsabilité.

Si j'ai quelque regret, ce n'est pas à ma vie,
Que le déclin des ans m'aurait bientôt ravie :
1395 La jeunesse des tiens, si beaux, si florissants,
Me porte au fond du cœur des coups bien plus pressants.
Ma fille, c'est donc là ce royal hyménée[1]
Dont nous pensions toucher la pompeuse journée !
La Parque impitoyable en éteint le flambeau,
1400 Et pour lit nuptial il te faut un tombeau !
Ah ! rage, désespoir, destins, feux, poisons, charmes[2],
Tournez tous contre moi vos plus cruelles armes :
S'il faut vous assouvir par la mort de deux rois,
Faites en ma faveur que je meure deux fois,
1405 Pourvu que mes deux morts emportent cette grâce
De laisser ma couronne à mon unique race[3],
Et cet espoir si doux, qui m'a toujours flatté,
De revivre à jamais en sa postérité.

CRÉUSE

Cléone, soutenez[4], je chancelle, je tombe ;
1410 Mon reste de vigueur sous mes douleurs succombe ;
Je sens que je n'ai plus à souffrir qu'un moment.
Ne me refusez pas ce triste allégement[5],
Seigneur, et si pour moi quelque amour vous demeure,
Entre vos bras mourants permettez que je meure.
1415 Mes pleurs arroseront vos mortels déplaisirs ;
Je mêlerai leurs eaux à vos brûlants soupirs.

---

1. **Hyménée** : union.
2. **Charmes** : sortilèges.
3. **Race** : descendance.
4. **Soutenez** : soutenez-moi.
5. **Allégement** : soulagement.

Ah! je brûle, je meurs, je ne suis plus que flamme;
De grâce, hâtez-vous de recevoir mon âme.
Quoi! vous vous éloignez!

Créon

Oui, je ne verrai pas,
1420 Comme un lâche témoin, ton indigne trépas[1]:
Il faut, ma fille, il faut que ma main me délivre
De l'infâme regret de t'avoir pu survivre.
Invisible ennemi, sors avecque[2] mon sang.

Il se tue avec un poignard.

Créuse

Courez à lui, Cléone; il se perce le flanc[3].

Créon

1425 Retourne; c'en est fait. Ma fille, adieu; j'expire,
Et ce dernier soupir met fin à mon martyre:
Je laisse à ton Jason le soin de nous venger.

Créuse

Vain et triste confort! soulagement léger!
Mon père...

Cléone

Il ne vit plus; sa grande âme est partie.

Créuse

1430 Donnez donc à la mienne une même sortie[4];
Apportez-moi ce fer qui, de ses maux vainqueur,

---

1. **Trépas**: mort.
2. **Avecque**: avec, orthographe vieillie.
3. **Flanc**: entrailles.
4. **Sortie**: fin.

Est déjà si savant[1] à traverser le cœur.
Ah! je sens fers, et feux, et poison tout ensemble;
Ce que souffrait mon père à mes peines s'assemble.
1435 Hélas! que de douceurs aurait un prompt trépas!
Dépêchez-vous, Cléone, aidez mon faible bras.

CLÉONE

Ne désespérez point: les dieux, plus pitoyables,
À nos justes clameurs[2] se rendront exorables[3],
Et vous conserveront, en dépit du poison,
1440 Et pour reine à Corinthe, et pour femme à Jason.
Il arrive, et surpris, il change de visage;
Je lis dans sa pâleur une secrète rage,
Et son étonnement va passer en fureur.

Scène V

JASON, CRÉUSE, CLÉONE, THEUDAS

JASON

Que vois-je ici, grands dieux! quel spectacle d'horreur!
1445 Où que puissent mes yeux porter ma vue errante,
Je vois ou Créon mort, ou Créuse mourante.
Ne t'en va pas, belle âme, attends encore un peu,
Et le sang de Médée éteindra tout ce feu;
Prends le triste plaisir de voir punir son crime,

---

1. Savant: expert.

2. Clameurs: cris de mécontentement.

3. Exorables: compréhensifs, qui se laissent fléchir par des prières.

1450 De te voir immoler cette infâme victime ;
Et que ce scorpion, sur la plaie écrasé,
Fournisse le remède au mal qu'il a causé.

Créuse

Il n'en faut point chercher au poison qui me tue :
Laisse-moi le bonheur d'expirer à ta vue,
1455 Souffre que j'en jouisse en ce dernier moment :
Mon trépas[1] fera place à ton ressentiment[2] ;
Le mien cède à l'ardeur[3] dont je suis possédée ;
J'aime mieux voir Jason que la mort de Médée.
Approche, cher amant, et retiens ces transports[4] ;
1460 Mais garde de toucher ce misérable corps ;
Ce brasier, que le charme ou répand ou modère,
A négligé Cléone, et dévoré mon père :
Au gré[5] de ma rivale il est contagieux.
Jason, ce m'est assez de mourir à tes yeux :
1465 Empêche les plaisirs qu'elle attend de ta peine :
N'attire point ces feux[6] esclaves de sa haine.
Ah, quel âpre tourment ! quels douloureux abois[7] !
Et que je sens de morts sans mourir une fois !

Jason

Quoi ! vous m'estimez donc si lâche que de vivre,
1470 Et de si beaux chemins sont ouverts pour vous suivre ?

---

1. **Trépas** : mort.
2. **Ressentiment** : haine.
3. **Ardeur** : passion.
4. **Transports** : agitations.
5. **Au gré** : selon les désirs.
6. **Feux** : passion.
7. **Abois** : dernières extrémités.

Ma reine, si l'hymen[1] n'a pu joindre nos corps,
Nous joindrons nos esprits, nous joindrons nos deux morts ;
Et l'on verra Caron[2] passer chez Rhadamante[3],
Dans une même barque, et l'amant et l'amante.
1475 Hélas ! vous recevez, par ce présent charmé,
Le déplorable prix de m'avoir trop aimé ;
Et puisque cette robe a causé votre perte,
Je dois être puni de vous l'avoir offerte.
Quoi ! ce poison m'épargne, et ces feux impuissants
1480 Refusent de finir les douleurs que je sens !
Il faut donc que je vive, et vous m'êtes ravie[4] !
Justes dieux ! quel forfait me condamne à la vie ?
Est-il quelque tourment plus grand pour mon amour
Que de la voir mourir, et de souffrir le jour ?
1485 Non, non ; si par ces feux[5] mon attente est trompée,
J'ai de quoi m'affranchir[6] au bout de mon épée ;
Et l'exemple du roi, de sa main transpercé,
Qui nage dans les flots du sang qu'il a versé,
Instruit suffisamment un généreux courage
1490 Des moyens de braver le destin qui l'outrage.

CRÉUSE

Si Créuse eut jamais sur toi quelque pouvoir,
Ne t'abandonne point aux coups du désespoir.

---

1. Hymen : union.

2. Caron : passeur des Enfers qui mène les morts sur une barque.

3. Rhadamante : juge des Enfers qui statue sur le sort des morts que Caron conduit jusqu'à lui.

4. Ravie : enlevée.

5. Feux : passion.

6. M'affranchir : me libérer.

ACTE V, SCÈNE V

Vis pour sauver ton nom de cette ignominie
Que Créuse soit morte, et Médée impunie;
Vis pour garder le mien en ton cœur affligé,
Et du moins ne meurs point que tu ne sois vengé.
Adieu: donne la main; que[1], malgré ta jalouse,
J'emporte chez Pluton[2] le nom de ton épouse.
Ah, douleurs! C'en est fait, je meurs à cette fois,
Et perds en ce moment la vie avec la voix.
Si tu m'aimes...

JASON

Ce mot lui coupe la parole;
Et je ne suivrai pas son âme qui s'envole!
Mon esprit, retenu par ses commandements,
Réserve encor ma vie à de pires tourments!
Pardonne, chère épouse, à mon obéissance;
Mon déplaisir mortel défère[3] à ta puissance,
Et de mes jours maudits tout prêt de triompher,
De peur de te déplaire, il n'ose m'étouffer.
Ne perdons point de temps, courons chez la sorcière
Délivrer par sa mort mon âme prisonnière.
Vous autres, cependant, enlevez ces deux corps:
Contre tous ses démons mes bras sont assez forts,
Et la part que votre aide aurait en ma vengeance
Ne m'en permettait pas une entière allégeance.
Préparez seulement des gênes[4], des bourreaux;

---

1. **Que**: avant que.
2. **Pluton**: dans la mythologie romaine, dieu des Enfers.
3. **Défère**: accorde des dignités.
4. **Gênes**: tortures.

Devenez inventifs en supplices nouveaux,
Qui la fassent mourir tant de fois sur leur tombe,
Que son coupable sang leur vaille une hécatombe[1] ;
Et si cette victime, en mourant mille fois,
N'apaise point encor les mânes[2] de deux rois,
Je serai la seconde ; et mon esprit fidèle
Ira gêner[3] là-bas son âme criminelle,
Ira faire assembler pour sa punition
Les peines de Titye[4] à celle d'Ixion[5].

Cléone et le reste emportent le corps de Créon et de Créuse,
et Jason continue seul.

Mais leur puis-je imputer[6] ma mort en sacrifice ?
Elle m'est un plaisir, et non pas un supplice.
Mourir, c'est seulement auprès d'eux me ranger,
C'est rejoindre Créuse, et non pas la venger.
Instruments des fureurs d'une mère insensée,
Indignes rejetons de mon amour passée,
Quel malheureux destin vous avait réservés
À porter le trépas[7] à qui vous a sauvés ?
C'est vous, petits ingrats, que, malgré la nature,
Il me faut immoler[8] dessus leur sépulture.

---

1. Hécatombe : dans la Grèce antique, sacrifice religieux de cent bœufs.
2. Mânes : esprits des morts.
3. Gêner : torturer.
4. Titye : dans la mythologie grecque, géant qui fut condamné au même supplice que Prométhée (voir note 4, p. 95).
5. Ixion : dans la mythologie, personnage attaché à une roue enflammée qui tourne sans jamais s'arrêter.
6. Imputer : attribuer moralement à quelqu'un.
7. Trépas : mort.
8. Immoler : tuer.

1535 Que la sorcière en vous commence de souffrir ;
Que son premier tourment soit de vous voir mourir.
Toutefois qu'ont-ils fait, qu'obéir à leur mère ?

Scène VI

MÉDÉE, JASON

MÉDÉE, *en haut sur un balcon.*
Lâche, ton désespoir encore en délibère ?
Lève les yeux, perfide[1], et reconnais ce bras
1540 Qui t'a déjà vengé de ces petits ingrats ;
Ce poignard que tu vois vient de chasser leurs âmes,
Et noyer dans leur sang les restes de nos flammes.
Heureux père et mari, ma fuite et leur tombeau
Laissent la place vide à ton hymen[2] nouveau.
1545 Rejouis-t'en, Jason, va posséder[3] Créuse :
Tu n'auras plus ici personne qui t'accuse ;
Ces gages de nos feux[4] ne feront plus pour moi
De reproches secrets à ton manque de foi[5].

JASON
Horreur de la nature, exécrable tigresse[6] !

---

1. Perfide : déloyal.
2. Hymen : union.
3. Posséder : épouser.
4. Ces gages de nos feux : nos enfants.
5. Foi : parole.
6. Tigresse : femme impitoyable.

MÉDÉE

1550 Va, bienheureux amant, cajoler ta maîtresse :
À cet objet si cher tu dois tous tes discours ;
Parler encore à moi, c'est trahir tes amours.
Va lui, va lui conter tes rares[1] aventures,
Et contre mes effets ne combats point d'injures[2].

JASON

1555 Quoi ! tu m'oses braver, et ta brutalité
Pense encore échapper à mon bras irrité ?
Tu redoubles ta peine avec cette insolence.

MÉDÉE

Et que peut contre moi ta débile[3] vaillance ?
Mon art faisait ta force, et tes exploits guerriers
1560 Tiennent de mon secours ce qu'ils ont de lauriers[4].

JASON

Ah ! c'est trop en souffrir ; il faut qu'un prompt[5] supplice
De tant de cruautés à la fin te punisse.
Sus, sus[6], brisons la porte, enfonçons la maison ;
Que des bourreaux soudain m'en fassent la raison.
1565 Ta tête répondra de tant de barbaries[7].

MÉDÉE, *en l'air dans un char tiré par deux dragons.*
Que sert de t'emporter à ces vaines furies ?
Épargne, cher époux, des efforts que tu perds ;

---

1. **Rares** : exceptionnelles.
2. **Ne combats point d'injures** : ne réplique pas par des injures.
3. **Débile** : faible.
4. **Lauriers** : symboles de la gloire militaire.
5. **Prompt** : rapide.
6. **Sus, sus** : allons, allons.
7. **Barbaries** : sauvageries.

Vois les chemins de l'air qui me sont tous ouverts ;
C'est par là que je fuis, et que je t'abandonne
1570 Pour courir à l'exil que ton change[1] m'ordonne.
Suis-moi, Jason, et trouve en ces lieux désolés
Des postillons[2] pareils à mes dragons ailés.
Enfin je n'ai pas mal employé la journée
Que la bonté du roi, de grâce, m'a donnée ;
1575 Mes désirs sont contents[3]. Mon père et mon pays,
Je ne me repens plus de vous avoir trahis ;
Avec cette douceur j'en accepte le blâme.
Adieu, parjure[4] : apprends à connaître ta femme,
Souviens-toi de sa fuite, et songe, une autre fois,
1580 Lequel est plus à craindre ou d'elle ou de deux rois.

Scène VII

JASON

Ô dieux ! ce char volant, disparu dans la nue[5],
La dérobe à sa peine, aussi bien qu'à ma vue ;
Et son impunité triomphe arrogamment[6]
Des projets avortés de mon ressentiment[7].
1585 Créuse, enfants, Médée, amour, haine, vengeance,

---

1. Change : changement d'humeur.
2. Postillons : conducteurs de chars.
3. Contents : satisfaits.
4. Parjure : celui qui trahit un serment.
5. Nue : ciel.
6. Arrogamment : avec arrogance.
7. Ressentiment : haine.

Où dois-je, désormais, chercher quelque allégeance[1] ?
Où suivre l'inhumaine, et dessous quels climats
Porter les châtiments de tant d'assassinats ?
Va, furie, exécrable, en quelque coin de terre
Que t'emporte ton char, j'y porterai la guerre.
J'apprendrai ton séjour de tes sanglants effets,
Et te suivrai partout au bruit de tes forfaits[2].
Mais que me servira cette vaine poursuite,
Si l'air est un chemin toujours libre à ta fuite,
Si toujours tes dragons sont prêts à t'enlever,
Si toujours tes forfaits ont de quoi me braver ?
Malheureux, ne perds point contre une telle audace
De ta juste fureur l'impuissante menace ;
Ne cours point à ta honte, et fuis l'occasion
D'accroître sa victoire et ta confusion.
Misérable ! perfide[3] ! ainsi donc ta faiblesse
Épargne la sorcière, et trahit ta princesse !
Est-ce là le pouvoir qu'ont sur toi ses désirs,
Et ton obéissance à ses derniers soupirs ?
Venge-toi, pauvre amant, Créuse le commande ;
Ne lui refuse point un sang qu'elle demande ;
Écoute les accents de sa mourante voix,
Et vole sans rien craindre à ce que tu lui dois.
À qui sait bien aimer il n'est rien d'impossible.
Eusses-tu pour retraite[4] un roc inaccessible,

---

1. **Allégeance** : obéissance.
2. **Forfaits** : crimes.
3. **Perfide** : déloyal.
4. **Retraite** : lieu où se retirer.

Tigresse[1], tu mourras ; et malgré ton savoir,
Mon amour te verra soumise à son pouvoir ;
Mes yeux se repaîtront des horreurs de ta peine :
Ainsi le veut Créuse, ainsi le veut ma haine.
1615 Mais quoi ! je vous écoute, impuissantes chaleurs !
Allez, n'ajoutez plus de comble à mes malheurs.
Entreprendre une mort que le ciel s'est gardée,
C'est préparer encore un triomphe à Médée.
Tourne avec plus d'effet sur toi-même ton bras,
1620 Et punis-toi, Jason, de ne la punir pas.
Vains transports[2], où sans fruit mon désespoir s'amuse,
Cessez de m'empêcher de rejoindre Créuse.
Ma reine, ta belle âme, en partant de ces lieux,
M'a laissé la vengeance, et je la laisse aux dieux ;
1625 Eux seuls, dont le pouvoir égale la justice,
Peuvent de la sorcière achever le supplice.
Trouve-le bon, chère ombre, et pardonne à mes feux[3]
Si je vais te revoir plus tôt que tu ne veux.

Il se tue.

---

1. **Tigresse** : femme impitoyable.
2. **Transports** : agitations.
3. **Feux** : passion.

Anthologie sur le mythe de Médée

Médée s'impose comme l'une des héroïnes les plus sombres et les plus violentes de la mythologie grecque. Célèbre pour sa cruauté féroce et aveugle, elle est la figure même des tourments de la passion destructrice. Magicienne aux redoutables sortilèges, elle est d'abord une femme amoureuse qui ne recule devant aucun meurtre ni aucune trahison pour faire triompher l'homme qu'elle aime, Jason. Jalonné de crimes incessants, tous plus horribles les uns que les autres, son parcours s'affirme cependant progressivement comme celui d'une épouse blessée, abandonnée et esseulée qui finit par se venger de Jason en tuant ses propres enfants. Désormais partagée entre une infatigable furie et un amour jamais payé de retour, Médée demeure dans les mémoires comme une somme de paradoxes et de sentiments contradictoires dont la littérature a su, à travers les siècles, durablement se nourrir.

■ L'histoire de Médée

Le mythe de Médée s'articule en **trois épisodes majeurs** qui, chacun, se caractérisent par un forfait retentissant. À chaque nouvel événement décisif correspond un nouvel éclairage de la personnalité de l'héroïne. Ainsi le premier épisode est celui de **la Toison d'or** qui dessine la figure de la magicienne amoureuse. Le second épisode dévoile, au contraire, la figure de l'épouse trahie qui commet l'irréparable pour une mère : **l'infanticide**. Enfin, le troisième et dernier épisode du mythe présente fatalement celui de l'étrangère et de **la barbare rejetée** et redoutée par tous qui finit par regagner sa terre natale, la Colchide.

La magicienne de la Toison d'or

Fille d'Aétés, roi de Colchide et de l'Océanide Idyie, Médée est, comme sa sœur Circé, magicienne. On ne sait cependant pas grand chose de son enfance car l'histoire de Médée ne commence véritablement qu'à l'arrivée en Colchide de Jason, comme si, d'emblée, Médée n'existait qu'à travers l'amour qu'elle va follement éprouver pour ce jeune homme. Fils d'Éson, le guerrier, escorté de ses compagnons les Argonautes, vient en effet récupérer la Toison d'or sur les ordres de Pélias, son oncle, afin que son père remonte sur le trône d'Iolchos. Mais, placée sous la garde d'Aétés, la Toison d'or, pelage fabuleux de Chrysomallos, bélier ailé créé par Zeus, est un trésor bien protégé. Avant de parvenir à s'en saisir, il faut se défaire d'un dragon aussi fabuleux que redoutable. C'est Médée qui va venir en aide à Jason. En dépit de l'hostilité manifeste de son père à l'égard du guerrier, la jeune fille est tombée immédiatement amoureuse de lui et va user de ses sortilèges afin de lui faire franchir les obstacles qui le séparent de la fameuse Toison.

Ainsi Médée recourt-elle à la magie pour protéger Jason des flammes du dragon et lui faire éviter les guerriers sanguinaires nés des dents du dragon même. Si bien que le jeune homme finit par dérober la Toison d'or et demande Médée en mariage pour la remercier de son aide précieuse. Cependant, les jeunes époux doivent fuir au plus vite devant la colère d'Aétés qui, furieux d'avoir perdu son trésor, décide de se lancer à leur poursuite sur mer. Pour ralentir son père, Médée commet l'irréparable : elle découpe son frère Apsyrtos en morceaux afin qu'Aétés soit plus préoccupé de récupérer ce qui reste de son fils que de la Toison d'or. Jason et Médée parviennent ainsi à s'échapper et arrivent alors à Iolchos.

La femme de l'infanticide

L'arrivée à Iolchos ouvre le deuxième grand moment du mythe de Médée où la figure de la meurtrière et de la femme blessée s'affirme. Parvenu ainsi à se débarrasser d'Aétés, le jeune couple constate que Pélias a profité de l'absence de Jason pour tuer son père et éradiquer sa famille. Jason demande à Médée de le venger en usant à nouveau de ses tours de magie. Toujours par amour, la jeune épouse choisit d'assassiner Pélias en le faisant tuer par ses propres filles. La magicienne incite ces dernières à mettre leur géniteur dans un chaudron pour le rajeunir en le découpant en morceaux tout en récitant des incantations. Mais aucune magie ne se produit : Médée a trompé les filles et Pélias meurt dans d'atroces souffrances. Devant la colère d'Acaste, fils de Pélias, qui les bannit, Jason et Médée doivent encore fuir.

Condamnés à l'exil, les époux trouvent alors refuge à Corinthe où ils sont accueillis par le roi Créon. Heureux et apaisé, le couple donne naissance à deux fils : Phérès et Merméros. Mais ce bonheur est de courte durée. Après quelques années merveilleuses, Jason tombe amoureux de Créuse, la fille de Créon, et veut l'épouser en secondes noces. Médée est trahie et humiliée. Elle décide de fomenter une vengeance exemplaire en deux temps. Elle supprime tout d'abord sa jeune rivale en lui offrant une robe empoisonnée qui la brûle. Elle punit ensuite Jason en lui retirant ce qu'il a de plus cher : ses enfants. C'est ainsi que Médée tue ses deux fils en les transperçant d'une épée.

Devant la colère des Corinthiens, Médée prend la fuite sur un char attelé de deux dragons ailés. Plusieurs versions du mythe indiquent que Jason, au lieu de se tuer, est rentré à Iolchos où, remonté sur le trône, il achève paisiblement ses jours.

Une barbare en exil à Athènes et en Colchide

Cette nouvelle fuite ouvre le troisième et dernier grand épisode du mythe de Médée. Menacée par les Corinthiens, la magicienne meurtrière trouve finalement refuge à Athènes auprès du roi Égée qu'elle épouse. Elle lui promet notamment ce qu'il désire le plus après la disparition à la naissance de Thésée, son fils : un autre fils. Elle donne alors naissance peu de temps après à un garçon, Médos. Or, au grand dam de Médée, Thésée revient. Devant ce retour inattendu qui ruine son souhait de faire de son fils le roi, la magicienne convainc Égée d'empoisonner Thésée, en soutenant qu'il s'agit d'un imposteur. Mais son plan échoue avec fracas et Médée est bannie par Thésée qui la force à s'exiler définitivement. Elle redevient alors la barbare sanguinaire, rejetée par tous. Elle quitte Athènes dont elle dérobe cependant le trésor de plusieurs tonnes de diamants, mais dont elle laisse perdre une bonne partie dans la précipitation de sa fuite.

Accompagnée de Médos, Médée revient alors enfin en Colchide où son père vieillissant a été chassé du trône par son oncle, Persès. Usant à nouveau de sa magie, elle tue l'usurpateur et rend son royaume à son père qui lui pardonne ses crimes. Médée meurt enfin loin de tous. On raconte dans différentes versions du mythe qu'elle descend alors aux Champs-Élysées et devient, après sa mort, l'épouse d'Achille.

■ Médée dans l'histoire

À l'instar d'Œdipe ou d'Antigone, le mythe de Médée a connu une très grande fortune littéraire. Par ses nombreux épisodes et rebondissements, son histoire a été l'objet de réécritures variées et riches qui, chacune, ont voulu éclairer différemment le visage de l'héroïne ambiguë. Tour à tour amoureuse, femme vengeresse ou encore barbare en exil, chaque époque va voir dans Médée un nouveau visage qui sera le reflet de ses préoccupations esthétiques, politiques et morales. **Quatre périodes** peuvent être ainsi distinguées dans l'histoire de la littérature et des arts comme quatre visages différents de Médée.

Une Médée antique, tout d'abord, qui, d'Euripide à Sénèque en passant par Ovide, jette les fondements de la puissance tragique du personnage, femme furieuse et barbare.

À l'Antiquité grecque et latine succède **la Médée gothique et lyrique** qui, de Jean La Péruse en passant par Philippe Quinault ou Thomas Corneille, offre à la magicienne un visage plus humain et vulnérable.

S'ouvre alors, aux XVIIIe et XIXe siècles, la période où les réécritures du mythe dévoilent une **Médée romantique et décadentiste**, entre sentimentalisme et inhumanité, avec André Chénier, José-Maria de Heredia et Catulle Mendès.

Enfin, le XXe siècle offre une ultime **Médée contemporaine**, qui symbolise tous les désordres politiques et humains, avec Jean Anouilh, Laurent Gaudé et Pascal Quignard.

■ La Médée antique

Dès l'Antiquité, Médée s'impose comme une grande figure féminine de la littérature. De fait, l'émergence de Médée comme héroïne va de pair avec la naissance de la tragédie et, plus largement, de la poésie dramatique. **Trois auteurs** se distinguent, à commencer par le dramaturge grec **Euripide** qui en fait le personnage principal de l'une de ses plus célèbres pièces. Odieuse et monstrueuse, la Médée d'Euripide est fondatrice des différentes réécritures du mythe. C'est elle qui inspire directement, pas seulement le théâtre, mais la poésie latine avec **Ovide** qui réécrit le mythe de la femme infanticide en soulignant son amour impossible pour Jason. Il faut enfin attendre un autre célèbre dramaturge, **Sénèque**, latin lui aussi, pour que la Médée antique déploie sa figure finale, celle de la femme à la violence spectaculaire. Autant de visages dont Corneille saura durablement s'inspirer.

La naissance d'une héroïne tragique : Euripide (voir p. 117)

Euripide s'impose comme le premier dramaturge à faire de Médée une héroïne tragique. Loin de présenter l'ensemble du mythe, il choisit d'écarter l'épisode de la Toison d'or que les personnages se contentent simplement d'évoquer. En effet, Euripide se concentre uniquement sur l'épisode où Jason désire prendre Créuse pour épouse et montre la vengeance de Médée en mettant en avant l'épisode de l'infanticide. Soulignant les sentiments de l'épouse abandonnée pour sa rivale, il dévoile alors une femme d'une cruauté sans faille dont l'absence d'humanité doit inspirer crainte et pitié au spectateur grec. *Médée* (431 av. J.-C.) s'offre comme une pièce exemplaire du dispositif tragique grec, celle où, devant le cynisme de l'héroïne et ses actes horribles, le spectateur ne peut éprouver que la fameuse *catharsis*.

> Définie par Aristote (384 av. J.-C.-322 av. J.-C.) dans sa **Poétique** (335 av. J.-C.), la *catharsis* renvoie à la purgation des passions provoquées par la tragédie. En assistant à des actes atroces, le spectateur ressent de la crainte et de la pitié pour les protagonistes. Il se libère alors de ses angoisses et de ses fantasmes en les vivant à travers les personnages qui les incarnent sur scène.

Médée, une victime de l'amour : Ovide (voir p. 119)

Dans l'Antiquité latine, à la suite d'Euripide, Médée devient l'une des figures majeures et récurrentes de l'œuvre d'Ovide. Si, à l'instar de nombre de héros de la mythologie, elle apparaît en bonne place dans *Les Métamorphoses* (Livre VII) où le poète latin raconte l'intégralité de l'épisode de la Toison d'or, elle est surtout la protagoniste de sa seule pièce de théâtre malheureusement perdue aujourd'hui. Inspirée d'Euripide, sa tragédie laissait, semble-t-il, place à une Médée plus tendre et humaine. C'est celle qui transparaissait déjà sans ambiguïté dans ses *Héroïdes* (15 av. J.-C.), recueil de lettres fictives en vers d'héroïnes mythologiques qui écrivent à leurs amants. L'une des plus marquantes est la lettre dans laquelle Médée s'adresse directement à Jason. Prisonnière du *fatum*, la magicienne s'y présente sans artifice, ouvrant son cœur à ce mari qui l'a abandonnée. De manière surprenante, elle y avoue paradoxalement une passion dont elle affirme être plus la victime que la maîtresse.

> Terme latin signifiant fatalité, le *fatum* renvoie dans la tragédie antique au destin que les dieux fixent pour chaque homme. L'humanité est alors condamnée à subir un sort qu'elle n'a pas choisi et auquel, en dépit de ses efforts et de ses ruses, elle ne peut pas se dérober pour son plus grand malheur.

Une héroïne furieuse et spectaculaire : Sénèque (voir p. 121)

À la suite de la tragédie d'Euripide à laquelle il rend explicitement hommage ainsi qu'à la pièce perdue d'Ovide dont il cite par ailleurs *Les Héroïdes*, Sénèque installe la folie au cœur du personnage dans sa tragédie éponyme (60 ap. J.-C.). Pour le dramaturge latin, Médée est une femme folle, désespérée de voir l'homme pour qui elle a tout sacrifié lui préférer une autre femme. Il choisit ainsi d'en accentuer la fureur dévastatrice de manière à la rendre conforme au goût romain des jeux et du spectacle des arènes : Médée tue ses enfants sur scène. Cependant, si l'héroïne d'Euripide s'engageait dans la cruauté d'une vengeance sans retour, la tragédie de Sénèque, sous l'impulsion d'Ovide, montre combien les désirs d'infanticide de l'épouse

> Terme latin signifiant fureur ou folie, le *furor* est d'abord une notion juridique. Elle désigne tout homme qui ne se comporte plus d'une façon humaine et commet des actes irréparables. Par extension, dans la tragédie, le *furor* renvoie à un personnage qui sombre dans une rage destructrice qui le rend méconnaissable à ses proches et barbare dans ses actes.

répudiée et abandonnée par Jason entrent en conflit avec son amour maternel. Sénèque représente ainsi un dilemme entre l'épouse éconduite et la mère aimante qui marquera durablement les réécritures de Médée.

THÉÂTRE

Texte 1

EURIPIDE (vers 480 av. J.-C.-406 av. J.-C.), *Médée* (431 av. J.-C.) ♦
traduction de Henri Berguin

Dans cette tirade située au début de la pièce, Médée vient d'apprendre que Jason lui préfère Créuse et décide immédiatement de tuer ses enfants. Abandonnée et sans recours, la femme bafouée exprime ici toute la force de sa violence et de son cynisme. Au-delà du désespoir, elle indique au Coryphée[1] qu'elle ne reculera devant rien pour se venger de son époux infidèle.

LE CORYPHÉE

Malheureuse femme ! Hélas ! hélas ! infortunée[2] ! quelles douleurs sont les tiennes ! Où donc te tourner ? Quelle demeure, quelle terre hospitalière[3] trouveras-tu, qui te sauve du malheur ? Dans quelle tempête, ô Médée, dans quels maux sans issue un dieu t'a-
5 t-il jetée ?

MÉDÉE

Les malheurs m'assaillent de tous côtés. Qui le niera ? Mais les choses ne se passeront pas ainsi ; ne le croyez pas encore. Il reste

---

1. Coryphée : chef du chœur dans la tragédie grecque.
2. Infortunée : personne qui pâtit d'un manque de chance.
3. Hospitalière : accueillante.

des luttes à soutenir pour les nouveaux époux, et pour les beaux-parents de terribles épreuves. Crois-tu donc que moi je l'eusse jamais flatté sinon pour un profit ou pour machiner[1] une ruse. Je ne lui aurais même pas adressé la parole ; je ne l'aurais pas touché de mes mains. Mais il en est arrivé à un degré de sottise tel que, pouvant ruiner mes projets en me chassant du pays, il m'a accordé de rester ce jour encore. Aujourd'hui, je ferai des cadavres de trois de mes ennemis, du père, de la fille et de mon époux. Bien des moyens de leur donner la mort s'offrent à moi. Je ne sais, mes amies, lequel essayer de préférence. Mettrai-je le feu à la demeure nuptiale ? Leur enfoncerai-je un poignard aiguisé à travers le foie, en me glissant secrètement dans le palais où est dressée la couche[2] ? Mais une chose m'arrête : si on me surprend à pénétrer dans la maison et à machiner une vengeance, je mourrai et ma mort sera la risée de mes ennemis. Mieux vaut la voie directe, celle qui convient le mieux à mon habileté naturelle : usons[3] des poisons. Soit. Les voilà morts. Quelle cité, alors, me recevra ? Quel hôte m'offrira une terre d'asile et la garantie de sa demeure, pour défendre ma personne ? Il n'en est pas. Donc restons ici quelque temps encore et, si un rempart sûr se montre à moi, avec ruse et en silence je passerai au crime. Mais si la fatalité me poursuit et m'interdit la ruse, je saisirai moi-même un glaive et, dussé-je y périr[4], avec audace j'aurai recours à la violence. Non, jamais, par la maîtresse que j'honore entre toutes les divinités et que j'ai choisie pour auxiliaire, Hécate[5], qui réside au plus profond de mon foyer, nul n'aura la joie de me déchirer le cœur. Je les

---

1. Machiner : inventer, fomenter.
2. Couche : lit conjugal.
3. Usons : utilisons.
4. Dussé-je y périr : si je devais en mourir.
5. Hécate : déesse grecque de la Lune, protectrice de Médée.

35 leur rendrai amères et funestes[1], ces noces, amers cette alliance et mon exil loin de ce pays. Allons ! n'épargne pas ta science[2], Médée, pour dresser tes plans et ourdir[3] tes ruses. Va jusqu'à l'horrible. C'est maintenant l'épreuve de ton courage. Tu vois ce que tu endures. Il ne faut pas que tu sois condamnée à la risée
40 par l'hymen[4] de la fille de Sisyphe[5] avec Jason, toi la fille d'un noble père, issue du Soleil[6]. Tu as la science. En outre la nature nous a faites, nous autres femmes, absolument incapables de faire le bien, mais pour le mal les plus habiles des ouvrières.

Texte 2 POÉSIE

OVIDE (43 av. J.-C.-17 ap. J.-C.), ***Les Héroïdes***, « Médée à Jason », épître 12, (15 av. J.-C.) ♦ traduction de Théophile Baudement

Bien après tous les événements survenus entre les deux époux, la mort de leurs enfants et la disparition de Créuse, Médée confie ici par lettre son amour inaltérable à Jason. Lui faisant part de ses doutes et ses sacrifices, elle lui avoue combien il a fait d'elle une victime sans retour dont le malheur est insurmontable.

Ô mon père[7] ! que j'ai outragé[8], réjouis-toi ; réjouissez-vous, Colchos[9] que j'ai abandonnée ; ombre de mon frère[10], recevez-moi comme victime expiatoire[11]. On m'abandonne, et j'ai perdu mon

---

1. Funestes : qui portent malheur.
2. Science : sortilèges de magicienne.
3. Ourdir : tramer.
4. Hymen : union.
5. La fille de Sisyphe : Créuse.
6. Issue du Soleil : Médée est la petite-fille du Soleil.
7. Mon père : Aétés, père de Médée qu'elle a trahi en favorisant la fuite de Jason loin de la Colchide.
8. Outragé : offensé.
9. Colchos : la Colchide, terre natale de Médée.
10. Mon frère : Apsyrtos, frère de Médée que cette dernière coupa en morceaux pour aider Jason dans sa fuite.
11. Victime expiatoire : victime pour racheter les crimes.

royaume, ma patrie, mon palais, un époux, qui seul était tout pour moi. Un dragon et des taureaux furieux, je les ai domptés, et je ne puis rien contre un seul homme ! Moi qui, par de savants breuvages, ai repoussé des feux[1] terribles, je ne saurais échapper à ma propre flamme ! Mes enchantements, mes simples[2], mon art[3], me laissent sans pouvoir ; et je n'ai rien à espérer de la déesse, rien des mystères sacrés de la puissante Hécate[4] ! Le jour n'a plus d'attraits pour moi ; mes nuits, mes veilles sont amères[5]. Mon âme infortunée[6] ne goûte plus les douceurs du repos. Je ne puis me donner à moi-même le sommeil dont j'ai pu endormir un dragon ; mon art me sert mieux pour les autres que pour moi. Celui[7] dont j'ai protégé la vie, une rivale l'embrasse : c'est elle qui recueille le fruit de mes peines.

Peut-être même, tandis que tu cherches à te faire valoir auprès de la compagne superbe, et que tu parles à ses coupables oreilles un langage digne d'elles, peut-être inventes-tu de nouvelles accusations contre ma figure et mes mœurs[8]. Qu'elle rie, et qu'elle soit joyeuse de mes vices. Qu'elle rie, et que, fière, elle s'étale sur la pourpre de Tyr[9] : elle pleurera, et elle brûlera de feux qui surpasseront les miens. Tant qu'il y aura du fer, de la flamme et des sucs[10] vénéneux, aucun ennemi de Médée n'échappera à sa vengeance.

Si les prières ne peuvent toucher ton cœur de fer, écoute maintenant des paroles bien humiliantes pour une âme fière. Je suis avec toi suppliante, autant que tu le fus souvent avec moi, et je n'hésite pas à tomber à tes pieds. Si je te semble méprisable, songe à nos

---

1. **Feux** : dangers.
2. **Mes simples** : mes sortilèges.
3. **Mon art** : ma technique de magicienne.
4. **Hécate** : déesse grecque de la Lune, protectrice de Médée.
5. **Amères** : pleines d'amertume.
6. **Infortunée** : malheureuse.
7. **Celui** : ici Jason.
8. **Mœurs** : pratiques.
9. **Pourpre de Tyr** : pourpre impériale, synonyme de rareté, d'excellence et de luxe.
10. **Sucs** : liqueurs de certains végétaux.

enfants communs ; une marâtre[1] cruelle poursuivra de ses rigueurs[2] ce que mes flancs ont porté. Ils ne te ressemblent que trop ; cette ressemblance me touche ; et chaque fois que je les regarde, mes yeux se mouillent de larmes. Au nom des dieux, par la flamme et la lumière que répand ton aïeul[3], par mes bienfaits, par mes deux enfants, ces gages[4] de notre amour, rends-moi, je t'en conjure, cette couche pour laquelle, insensée ! j'ai abandonné tant de choses. Que je croie à la vérité de tes paroles, et reçoive à mon tour des secours de toi. Ce n'est pas contre des taureaux ni des guerriers que je t'implore, ni pour qu'un dragon sommeille, vaincu par ton art[5]. Je te réclame, toi que j'ai mérité, toi qui t'es donné à moi ; c'est par toi que je suis devenue mère, en même temps que je te rendais père.

Texte 3 THÉÂTRE

SÉNÈQUE (4 av. J.-C.-65 ap. J.-C.), ***Médée*** (60 ap. J.-C.) ♦ acte V, scène 1, traduction de l'abbé Coupé

Dans le cinquième et dernier acte de la pièce de Sénèque, après avoir empoisonné Créuse, Médée cherche encore à se venger de Jason. Dans un échange avec sa nourrice, Médée imagine tuer ses enfants. Coup de théâtre spectaculaire, Médée entre alors dans une furie sans retour.

MÉDÉE

[...] Je suis Médée maintenant, et mon génie s'est agrandi dans mes malheurs.

J'aime, cependant, j'aime à me rappeler les premiers essais de mon enfance ; mon frère[6] dont j'ai arraché la tête et semé les

---

1. Marâtre : belle-mère odieuse.
2. Rigueurs : sévérités.
3. Aïeul : grand-père.
4. Gages : preuves.
5. Art : techniques.
6. Mon frère : Apsyrtos, frère de Médée que cette dernière coupa en morceaux pour aider Jason dans sa fuite.

membres dans les champs de la Colchide ; mon père que j'ai dépouillé de sa Toison précieuse et sacrée ; le vieux Pélias[1] que j'ai fait égorger par ses filles. Cherche de quoi t'animer, ô mon ressentiment[2], dans ces premiers exploits de ma vie. À quelque audace que tu te livres, tu n'apporteras pas une main novice[3]. Où veux-tu tomber, ô ma colère, ou sur quel perfide[4] ennemi diriges-tu tes traits[5] ?

C'est ce que mon âme a déjà décrété intérieurement, mais elle n'ose pas encore le déclarer... Insensée, je me suis trop hâtée. J'aurais dû attendre que mon ennemi eût engendré quelques enfants de ma rivale... Mais ceux que je lui ai donnés sont de Créuse encore : leur supplice me plaît[6], il me plaît justement... C'est avec le plus grand courage que je dois me porter au plus grand de mes forfaits[7]. Ô vous, qui fûtes mes enfants, soyez donc punis des crimes de votre père...

Mais mon cœur a tremblé, et la colère est sortie de mon sein ; l'épouse irritée est bannie, la mère y reparait toute entière. Qui, moi ! j'immolerais mes enfants, je repandrais mon propre sang ! Loin de moi cette horrible fureur, cet attentat contre la nature, ce forfait exécrable. Eh ! quel crime ces infortunés ont-ils commis ?... Leur crime ! c'est d'avoir Jason pour père. Leur crime plus grand encore, c'est d'être sortis de Médée. Qu'ils meurent, ils ne sont pas à moi : qu'ils périssent encore, ils sont à moi... Mais que peut-on leur imputer[8] ? Ils sont innocents... Et mon frère n'était-il pas innocent aussi ? Ô mon âme, pourquoi balancer plus longtemps ? pourquoi ces larmes involontaires

---

1. **Pélias** : roi d'Iolchos.
2. **Ressentiment** : haine.
3. **Novice** : sans expérience.
4. **Perfide** : déloyal, sans foi.
5. **Tes traits** : tes armes.
6. **Me plaît** : me satisfait.
7. **Forfaits** : crimes.
8. **Imputer** : reprocher.

tombent-elles de mes yeux ? pourquoi la colère d'une part, et l'amour de l'autre, excitent-ils en moi cet horrible combat[1] ? Comme deux vents impétueux[2] s'entredéchirent par une guerre cruelle, ou comme des vagues furieuses à force de se pousser et de se repousser, font bouillonner toute la mer ; ainsi je sens mon cœur se déchaîner contre lui-même : la fureur en chasse la piété[3] ; la piété en chasse la fureur à son tour... Cède, ô mon ressentiment, cède enfin à la piété.

■ De la Médée gothique à la Médée lyrique

Alors que l'Antiquité latine avait laissé l'image d'une Médée impitoyable et furieuse, les réécritures du mythe vont connaître une éclipse de plusieurs siècles qui correspond aux invasions barbares et au Moyen-Âge. L'histoire de Médée revient néanmoins sous la plume du conteur anglais **Geoffrey Chaucer** (1343-1400) qui, avant le succès de ses fameux *Contes de Canterbury* (1387), propose avec *Legend Of The Good Women* (1385) une nouvelle version ironique de l'histoire de la mère infanticide. Il faut cependant attendre le XVIe et surtout le XVIIe siècle pour que Médée connaisse un renouveau notable avec **trois auteurs**, à commencer par **Jean de La Péruse** qui invente une Médée meurtrie et en proie au remords. À cette femme sentimentale répond la Médée lyrique et musicale de **Philippe Quinault** qui vit l'horreur de l'abandon et la persécution d'un destin insurmontable. Le siècle se clôt enfin sur un autre opéra, celui de **Thomas Corneille** qui invente à son tour une magicienne impuissante devant le manque d'amour.

---

1. Excitent-ils en moi cet horrible combat ? : me poussent-ils à me lancer dans cet horrible combat ?

2. Impétueux : impossibles à contenir.

3. Piété : respect pour la religion et les morts.

Une Médée à visage humain : Jean de La Péruse
(voir p. 126)

> La seconde moitié du XVIe siècle voit l'apparition du **théâtre gothique**. Il s'agit le plus souvent de tragédies religieuses qui mettent en scène la vie des saints chrétiens en n'hésitant pas montrer avec violence les tortures que les Romains leur ont fait subir. Préfigurant la démesure du théâtre baroque, le gothique donne à voir des personnages furieux et sanguinaires.

Poète à la précocité remarquable, Jean de La Péruse meurt très jeune non sans avoir offert auparavant une unique tragédie saluée par l'ensemble de ses contemporains comme un chef-d'œuvre : *Médée* (1553). Lue et non pas jouée, cette pièce en cinq actes jette les fondements de la future tragédie classique, à la fois par la rigueur de sa construction, mais aussi par son goût de l'intrigue antique. À la suite de Sénèque, la Médée de La Péruse s'offre tout d'abord comme une femme gothique qui, hors des règles de bienséance, tue ses enfants sur scène en n'hésitant pas à répandre le sang. Mais, en dépit de cette barbarie, La Péruse souligne avec force les sentiments de son héroïne en montrant combien elle éprouve de remords à tuer sa progéniture et le fait non sans hésiter. Ainsi La Péruse dévoile une Médée terriblement humaine et désespérée.

> Sous l'impulsion des tragédies de Jean Racine (1639-1699), le **théâtre classique** s'est doté de règles aussi précises que strictes. Divisée en cinq actes, la pièce doit d'abord obéir à la règle des trois unités : unité de temps (une journée), unité de lieu (un seul espace) et unité d'action (une seule histoire). À ceci s'ajoute l'*exitus horribilis* ou règles de bienséance qui consistent à proscrire sur scène tout meurtre, la vue du sang et des larmes des protagonistes.

Médée en proie à la fatalité de la passion amoureuse : Philippe Quinault (voir p. 129)

Si la tragédie de Corneille s'impose vite comme un chef-d'œuvre, elle ne connaît pourtant pas le succès escompté et détourne pour un temps le théâtre de Médée. L'opéra et le théâtre lyrique prendront durablement le relais avec le triomphe de *Thésée* (1675), livret d'opéra de Philippe Quinault composé sur une musique du célèbre Jean-Baptiste Lully (1632-1687). Essentiellement consacré à la figure de Thésée, cet opéra fait cependant figurer le personnage de Médée en la présentant de manière inédite, au moment où, après avoir tué ses enfants, elle vit à Athènes en compagnie de Thésée et Égée. Comme chez La Péruse, elle est encore une femme victime de la passion, qui ne sait plus où fuir pour trouver l'amour. Loin d'être triomphante, elle est de nouveau persécutée par la fatalité qui l'oblige, pour survivre, à perpétrer le mal.

Médée en sorcière désespérée : Thomas Corneille (voir p. 132)

Enfin, dans les dernières années du XVIIe siècle, Thomas Corneille, le frère de Pierre Corneille, compose à son tour *Médée* (1693). Jouée à l'Académie royale de musique sur une partition originale de Marc-Antoine Charpentier (1643-1704), cette œuvre lyrique entend rendre notamment hommage à la pièce de son frère. Cependant, s'il s'inspire largement des principaux épisodes de la

> Né en Italie au XVIe siècle, l'opéra appelé encore **théâtre lyrique** est arrivé en France dans le courant du XVIIe siècle et a été notamment popularisé par Jean-Baptiste Lully. Mettant en scène des mythes de l'Antiquité, l'opéra mêle à une composition lyrique et musicale une dramaturgie stricte dictée par un livret qui consiste en un texte mis en vers par un auteur. L'ensemble des répliques sont mises en musique et interprétées par des chanteurs jouant les personnages.

tragédie de son aîné, Thomas Corneille offre un opéra dans lequel Médée s'impose à la fois comme une redoutable sorcière et une femme vulnérable et fragile. Habile synthèse des figures gothique et lyrique de La Péruse et Quinault, la Médée de Corneille constate que ses ruses magiques ne sont d'aucun effet devant la puissance d'un amour qui la refuse. Le lyrisme dit la souffrance d'une femme à qui les mots ne suffisent plus.

THÉÂTRE

Texte 4

JEAN DE LA PÉRUSE (1529-1554), *Médée* (1553) ♦ acte II

Dans ce long monologue qui ouvre le deuxième acte, le Gouverneur qui a en charge les enfants de Médée et Jason confie sa peur et son affolement devant cette femme offensée. Il dresse alors un portrait surprenant de la future infanticide en la présentant implicitement comme une figure pathétique et la victime de Jason, homme ingrat et sans pitié.

LE GOUVERNEUR DES ENFANTS[1]

J'ai peur, je crains[2], je prévois le danger
Où cette femme, en se voulant venger[3],
Se jettera. Hé, Dieux! bons Dieux! j'ai crainte
Qu'elle ne soit d'une fureur[4] atteinte.
5 Ô Dieux! quels mots! quels propos! quel maintien[5]!
Quels yeux flambants! tout assuré je tiens[6]
Que, si son mal violent ne s'alente[7],

---

1. Gouverneur des enfants: attaché au service d'un Seigneur et s'occupant exclusivement de l'éducation et de l'instruction des enfants.
2. Je crains: je redoute.
3. En se voulant venger: en voulant se venger.
4. Fureur: passion démesurée, folie frénétique.
5. Maintien: allure.
6. Tout assuré je tiens: j'affirme avec assurance.
7. Ne s'alente: ne se ralentit, ne diminue.

Vu ses regrets et sa fureur ardente,
Elle fera au Roi Créon sentir[1]
10 Que d'un tort fait on se doit repentir[2].
Je la connais, je l'ai vue marrie[3]
Par plusieurs fois, je l'ai vue en furie
Remurmurant ses vers[4]; mais maintenant
Elle a tracé je ne sais quoi plus grand[5];
15 Mais maintenant une rage félonne[6]
Plus de devant ses esprits espoinçonne[7];
Plus que devant[8], par ses cris furieux,
La misérable[9] importune[10] les Dieux.
Ombre n'y a de rage échevelée[11]
20 Dans les enfers qui n'y soit appelée.
Le grand Serpent en nœuds tortillonné[12],
Oyant[13] ses vers, se tait, tout étonné;
Puis, en sifflant, sa triple langue tire,
Prêt à vomir au gré d'elle[14] son ire[15];
25 Hécate[16] y est, et tout ce que les Cieux

---

1. Sentir: comprendre.

2. Que d'un tort fait on se doit repentir: qu'on doit se repentir lorsque l'on a fait du tort à quelqu'un.

3. Marrie: fâchée.

4. Vers: sortilèges.

5. Elle a tracé je ne sais quoi plus grand: elle a décidé d'une vengeance plus vaste.

6. Félonne: traître et rebelle.

7. Espoinçonne: stimule.

8. Plus que devant: plus qu'elle ne devrait.

9. Misérable: qui fait pitié.

10. Importune: dérange.

11. Échevelée: hors d'elle.

12. Tortillonné: entortillé.

13. Oyant: écoutant.

14. Au gré d'elle: selon ses désirs.

15. Ire: colère.

16. Hécate: déesse grecque de la Lune et protectrice de Médée.

Et les enfers tiennent de furieux.
Bref, il n'y a venin dessus la terre
Que par son art[1] diligemment[2] ne serre,
Entremêlant tant effroyablement
30   Je ne sais quel furieux hurlement,
Qu'il semble à voir[3] que Corinthe périsse.
Dieux! qu'est ceci?[4] je crains qu'elle ne mordisse
Ses propres fils; je crains que ce tourment
Ne la maîtrise[5], et furieusement
35   Arme ses mains d'une brutale audace
Contre le sang de sa plus proche race.
Qui eût pensé, bons Dieux, ce que je vois?
Ha! que je suis en grand et grand émoi[6]
Pour ces enfants, et leur âge trop tendre
40   Ne peut encor son grand malheur entendre.
Que plût aux Dieux (mais de ce qui est fait,
Bien peu nous vaut le contraire souhait[7]),
Plût aux grands Dieux que la grecque noblesse
Ne fut jamais sortie de la Grèce,
45   Et que Jason, ce faux[8] Jason, fut mort
Premier qu'aller[9] en Colches[10] prendre port!

---

1. **Art**: technique.
2. **Diligemment**: avec soin et promptitude.
3. **Qu'il semble à voir**: qu'on dirait.
4. **Qu'est ceci?**: qu'est-ce que c'est?
5. **Maîtrise**: ne se rende maître d'elle.
6. **En grand émoi**: très bouleversé.
7. **Bien peu nous vaut le contraire souhait**: nous ne souhaitons pas le contraire.
8. **Faux**: fourbe.
9. **Premier qu'aller**: plutôt que d'aller.
10. **Colches**: Colchide, patrie de Médée où elle rencontra Jason.

THÉÂTRE LYRIQUE

Texte 5

PHILIPPE QUINAULT (1635-1688), *Thésée* (1675) ♦ acte II, scène 1

Dans cette scène première de l'acte II, Médée est à nouveau folle de jalousie : elle aime Thésée mais ne semble par être payée en retour de son amour. Elle fait ainsi part à Dorine, sa confidente, de sa douleur de ne jamais pouvoir être apaisée. Médée a peur d'elle-même : elle craint de redevenir odieuse et infanticide avec Thésée comme elle le fut jadis avec Jason.

Le théâtre[1] change et représente le Palais d'Égée, roi d'Athènes.

MÉDÉE, DORINE

MÉDÉE

Doux[2] repos, innocente paix,
Heureux, heureux un cœur qui ne vous perd jamais !
L'impitoyable[3] Amour m'a toujours poursuivie.
N'était-ce point assez des maux qu'il m'avait faits ?
5   Pourquoi ce Dieu cruel, avec de nouveaux traits[4],
Vient-il encor troubler le reste de ma vie ?
Doux repos, innocente paix,
Heureux, heureux un cœur qui ne vous perd jamais !

DORINE

Recommencez d'aimer, reprenez l'espérance ;
10   Thésée est un héros charmant ;
Méprisez, en l'aimant,
L'ingrat Jason qui vous offense.
Il faut, par le changement,
Punir l'inconstance ;

---

1. Théâtre : décor.
2. Doux : agréable.
3. Impitoyable : sans pitié.
4. Traits : armes.

15 C'est une douce vengeance
De faire un nouvel amant.

MÉDÉE

La gloire de Thésée à mes yeux paraît belle ;
On l'a vu triompher dès qu'il a combattu :
Le destin de Médée est d'être criminelle ;
20 Mais son cœur était fait pour aimer la vertu[1].

DORINE

Le dépit veut que l'on s'engage
Sous de nouvelles lois,
Quand on s'abuse au premier choix :
On n'est pas volage[2]
25 Pour ne changer qu'une fois.

MÉDÉE

Un tendre engagement va plus loin qu'on ne pense :
On ne voit pas, lorsqu'il commence,
Tout ce qu'il doit coûter un jour.
Mon cœur aurait encor[3] sa première innocence,
30 S'il n'avait jamais eu d'amour.
Mon frère et mes deux fils ont été les victimes
De mon implacable fureur :
J'ai rempli l'univers d'horreur ;
Mais le cruel Amour a fait seul tous mes crimes.

DORINE

35 Espérez de former de plus aimables nœuds[4].
Une cruelle expérience
Vous apprend que l'amour est un mal dangereux

---

1. Vertu : force morale.
2. Volage : inconstant.
3. Encor : encore.
4. Nœuds : liens.

Mais l'ennuyeuse indifférence,
Ne rend pas un cœur plus heureux.
40   Aimez, aimez Thésée, aimez sa gloire extrême.

MÉDÉE
Mais qui me répondra qu'il m'aime ?

DORINE
Peut-il trouver un sort plus beau ?

MÉDÉE
Peut-être que mon cœur cherche un malheur nouveau.
Mon dépit, tu le sais, dédaigne[1] de se plaindre ;
45   Il est difficile à calmer :
S'il venait à se rallumer,
Il faudrait du sang pour l'éteindre.

DORINE
Que ne peut point Médée avec l'art de charmer[2] ?

MÉDÉE
Que puis-je ? Hélas ! Parlons sans feindre[3] :
50   Les Enfers, quand je veux, sont contraints[4] à s'armer ;
Mais on ne force point un cœur à s'enflammer ;
Mes charmes[5] les plus forts ne sauraient l'y contraindre :
Ah ! Je n'en ai que trop pour forcer à me craindre,
Et trop peu pour me faire aimer.

---

1. Dédaigne : refuse.
2. Art de charmer : art de faire des sortilèges.
3. Feindre : mentir.
4. Contraints : obligés.
5. Charmes : sortilèges.

THÉÂTRE LYRIQUE

Texte 6

THOMAS CORNEILLE (1625-1709), *Médée* (1693) ♦ acte III, scène 5

Dans la scène 5 de l'acte III, Thomas Corneille présente une Médée affolée et désespérée s'adonnant à la magie noire. Elle empoisonne ici la robe de Créuse pour la faire mourir dans d'infâmes souffrances. Soulignant la mélancolie de l'épouse bafouée, Corneille rend hommage, par la présence de démons, aux sorcières de Macbeth *(1606) de Shakespeare.*

MÉDÉE

Noires filles du Styx[1], Divinités terribles[2],
Quittez vos affreuses prisons.
Venez mêler[3] à mes poisons
La dévorante ardeur de vos feux invisibles.

Il paraît[4] tout à coup une troupe de démons.

LE CHŒUR DE DÉMONS

5   L'Enfer obéit à ta voix,
Commande, il va suivre tes lois.

MÉDÉE

Punissons d'un ingrat la perfidie[5] extrême.
Qu'il souffre, s'il se peut, cent tourments[6] à la fois,
En voyant souffrir ce qu'il aime.

LE CHŒUR

10 L'Enfer obéit à ta voix,
Commande, il va suivre tes lois.

Les démons aériens apportent la robe.

---

1. **Styx** : fleuve des Enfers.
2. **Terribles** : qui inspirent la terreur.
3. **Mêler** : mélanger.
4. **Paraît** : apparaît.
5. **Perfidie** : trahison.
6. **Tourments** : tortures.

MÉDÉE

Je vois le don fatal qu'exige ma rivale.
Pour le rendre funeste[1], il est temps, faisons choix
Des sucs[2] les plus mortels de la rive infernale.

LE CHŒUR DE DÉMONS

15 L'Enfer obéit à ta voix,
Commande, il va suivre tes lois.

Les démons apportent une chaudière[3] infernale, dans laquelle ils jettent les herbes qui doivent composer le poison, dont Médée a besoin pour empoisonner la robe.

MÉDÉE

Dieu du Cocyte[4] et des royaumes sombres,
Roi des pâles ombres,
Sois attentif à mes enchantements.
20 Pour m'assurer qu'Hécate[5] m'est propice,
Que l'Averne[6] frémisse,
Et fasse tout trembler par ses mugissements.

On entend un bruit souterrain.

L'Enfer m'a répondu, ma victoire est certaine.
Naissez, Monstres, naissez, tous mes charmes[7] sont faits.
25 Du funeste poison, par une mort soudaine,
Faites-moi voir les sûrs effets.

LE CHŒUR

Naissez, Monstres, naissez, tous les charmes sont faits.
Du funeste poison, par une mort soudaine,

---

1. Funeste : triste et douloureux.
2. Sucs : liqueurs d'une plante.
3. Chaudière : chaudron.
4. Cocyte : fleuve des Enfers.
5. Hécate : déesse grecque de la Lune et protectrice de Médée.
6. L'Averne : antre qui mène aux Enfers.
7. Charmes : sortilèges.

Faites-nous voir les sûrs effets.

> *Pendant ce chœur les Monstres naissent, et après*
> *que les démons ont répandu du poison de la chaudière sur eux,*
> *ils languissent[1] et meurent.*

30 Tout répond à notre envie[2],
Les Monstres perdent la vie.

> *Médée prend du poison dans la chaudière,*
> *et le répand sur la robe.*

LE CHŒUR

Non, non, les plus heureux amants,
Après une longue espérance,
N'ont des plaisirs qu'en apparence.
35 En voulez-vous de charmants ?
Cherchez-les dans la vengeance.

MÉDÉE

Vous avez servi mon courroux[3] ;
C'est assez retirez-vous.

> *Médée emporte la robe et les démons disparaissent.*

■ De la Médée romantique à la Médée décadente

À la différence de l'effervescence classique, les réécritures du mythe de Médée au XVIIIe siècle se font plus rares. Il faut attendre la fin du siècle pour en voir réapparaître de significatives variations, mais en poésie cette fois. Ainsi **André Chénier** prolonge-t-il la vision sentimentale de l'amoureuse : Médée est une héroïne sensible, idéaliste et passionnée. À cette vision de l'amour éperdu vient répondre au cœur du XIXe siècle la poésie parnassienne de

---

1. Languissent : sont à l'agonie.
2. Envie : désir.
3. Courroux : colère.

José-Maria de Heredia dans laquelle Médée est une femme inquiète et inquiétante qui prépare déjà en plein amour les armes de sa vengeance. Le XIXe siècle se clôt enfin sur l'antithèse de la Médée romantique de Chénier. À l'instar de Salomé, autre grande figure mythique de la fin-de-siècle et de la décadence, la Médée de **Catulle Mendès** est d'une cruauté sans égale.

Une Médée romantique et élégiaque : André Chénier (voir p. 137)

> Depuis sa naissance dans l'Antiquité grecque, **l'idylle** constitue une forme poétique brève qui prend le plus souvent pour sujet l'amour bucolique des bergers. Peignant une nature merveilleuse, les poésies idylliques célèbrent avant tout la fidélité des amants.

Mort prématurément lors de la Révolution française, André Chénier laisse derrière lui une œuvre poétique brève mais dont l'influence sera durable. Il ouvre ainsi la voie au romantisme par son éloge constant de la nature et la méditation sur les figures mythiques de l'Antiquité, dont notamment Médée. Il va en accentuer l'image sentimentale en la muant en amante éprise d'un homme qui ne lui rend jamais son amour idyllique. Dominée par le registre élégiaque, la poésie de Médée est celle d'une femme qui vit dans le paradis perdu de l'amour. Chénier fait alors de Médée une parfaite icône romantique qui annonce les rêveries de Chateaubriand (1768-1848) et les méditations poétiques de Lamartine (1790-1869).

Une Médée parnassienne et inquiétante : José-Maria de Heredia (voir p. 139)

Poète d'origine cubaine, José-Maria de Heredia s'impose comme l'un des chefs de file du mouvement littéraire du Parnasse. Rejetant les excès sentimentaux en poésie, Heredia désirait proposer des poèmes neutres, ne travaillant que la forme dans un souci de l'art pour l'art. Dans son célèbre recueil de sonnets intitulé *Les Trophées* (1893), Heredia évoque ainsi la figure de Médée en réaction aux élans romantiques. Là où André Chénier en faisait une héroïne nostalgique, Heredia choisit de se concentrer sur la rencontre entre Jason et Médée lors de la conquête de la Toison d'Or. Loin d'être un épisode larmoyant et pathétique, la magicienne s'y montre en vérité dès le début comme une terrible sorcière sanguinaire et impitoyable.

> Apparu dans la seconde moitié du XIXe siècle, **le Parnasse** est un mouvement littéraire qui rassemble des poètes tels que Théophile Gautier (1811-1872), Leconte de Lisle (1818-1894) ou Théodore de Banville (1823-1891). Tous recherchent une poésie qui refuse le lyrisme et son expression jugée larmoyante, cultive le souci de la forme et travaille les vers dans un souci inégalé de l'art pour l'art.

Une Médée décadente et femme fatale : Catulle Mendès (voir p. 140)

Héritier du Parnasse et de son goût pour l'Antiquité, Catulle Mendès est l'auteur d'une œuvre dramatique et poétique qui a notamment ouvert la voie au mouvement littéraire du décadentisme ou décadence. En réaction à la froideur de Zola, il s'agissait pour Mendès d'élaborer des intrigues où les personnages sont autant de monstres soumis à leur perversion, comme si le monde touchait à sa fin. Dans cette atmosphère crépusculaire où tout semble condamné à la faute et à mourir dans le vice, Mendès

> Apparu dans les vingt dernières années du XIXe siècle, **le décadentisme** est un mouvement littéraire et culturel au succès très controversé. De fait, porté par des auteurs comme Joris-Karl Huysmans (1848-1907), Jules Laforgue (1860-1887) ou encore Léon Bloy (1846-1917), le décadentisme propose une vision pessimiste de l'humanité : après la guerre de 1870 perdue contre la Prusse, la France est entrée dans son déclin. Le désastre règne et le monde est promis à sa perte et condamné au vice et à la barbarie qu'incarnent des héros sanguinaires et sans scrupules.

choisit Médée comme figure absolue de cette décadence. Jouée en 1898 par Sarah Bernhardt, la tragédienne la plus célèbre de son époque, *Médée* est une pièce en trois actes où s'exprime pleinement l'esprit décadentiste : au cœur d'une apocalypse fin-de-siècle, Médée, la vengeresse et l'infanticide, est coupable de tous les vices. Perverse et folle, elle est cette femme fatale qui prend plaisir à tuer les hommes qui ne lui rendent pas son amour.

POÉSIE

Texte 7

ANDRÉ CHÉNIER (1762-1794), ***Bucoliques***, « Idylles et fragments d'idylles » (1785-1787)

Chénier réécrit ici le mythe de Médée en usant de la forme néoclassique et latine de l'idylle, à savoir un poème qui fait l'éloge de la vie bucolique et chante les louanges de l'amour simple. Médée devient ainsi l'héroïne d'une pastorale où, cette fois, Jason prend la parole pour brosser le tableau de leur passion.

MÉDÉE

Hâte-toi, Lucifer, que ta marche[1] trop lente
Nous ramène[2] du jour la clarté bienfaisante.
Trahi d'une perfide[3] indigne de mes soins[4],
Dieux, quoique de son crime inutiles témoins,
5   C'est cependant à vous qu'à mon heure dernière
Je viens contre l'ingrate adresser ma prière.
Amour, tu me fus cher entre les immortels ;
De roses mille fois décorant tes autels,
Et couronnant ton front de pieuses[5] guirlandes,

---

1. **Marche** : route.
2. **Ramène** : rapporte.
3. **Perfide** : traître.
4. **Mes soins** : mon attention.
5. **Pieuses** : pleines de piété et de dévotion.

10   À tes pieds j'épandis[1] mes plus belles offrandes.
    Que Mopsus[2], s'il le peut, t'en vienne dire autant.
    Ta faveur m'était due : une ingrate pourtant
    Goûte avec ce perfide une infidèle[3] joie ;
    À des bras étrangers ses charmes sont en proie.
15 Nise unie à Mopsus ! pour quels vœux désormais,
    Amants, pourriez-vous craindre un funeste[4] succès ?
    Bientôt au noir corbeau s'unira l'hirondelle ;
    Bientôt à ses amours la colombe infidèle,
    Loin du nid conjugal, portera sans effroi
20 Au farouche épervier et son cœur et sa foi.
    Ô de ton digne époux, de Mopsus, digne épouse :
    C'est ainsi qu'autrefois quand ma flûte jalouse,
    Pleurant, te reprochait ton ingrate rigueur[5],
    Fière, et d'un rire amer tu déchirais[6] mon cœur.
25 Tu raillais[7] ma pâleur et ma langue glacée,
    Mes cheveux négligés, et ma barbe hérissée ;
    Et moi, faible[8] incrédule, impuissant de mes feux[9],
    Tu m'étais chère encore et possédais mes vœux[10]...
    Ah : je connais l'Amour ; son enfance cruelle
30 D'une affreuse lionne a sucé la mamelle ;
    Et depuis, n'inspirant que trouble et que malheurs,

---

1. J'épandis : je semai.
2. Mopsus : célèbre sorcier.
3. Infidèle : sans foi.
4. Funeste : triste et douloureux.
5. Rigueur : sévérité.
6. Déchirais : brisais.
7. Tu raillais : tu te moquais.
8. Faible : fragile.
9. Impuissant de mes feux : incapable d'aimer.
10. Tu m'étais chère encore et possédais mes vœux : je t'aimais encore et t'étais toujours fidèle.

Sa rage ne se plaît qu'à nager dans les pleurs.
Dans le sang de ses fils, par l'Amour égarée,
Une mère trempa sa main dénaturée[1] ;
35 Une mère trempa sa détestable main.
Mère, tu fus impie[2] et l'Amour inhumain.
Qui d'elle ou de l'Amour eut plus de barbarie[3] ?
L'Amour fut inhumain ; mère, tu fus impie.

POÉSIE

Texte 8

JOSÉ-MARIA DE HEREDIA (1842-1905), *Les Trophées* (1893)

Comme l'indique la dédicace, le poète parnassien rend ici explicitement hommage au tableau de Gustave Moreau (1826-1898) également intitulé « Jason et Médée » (1865) (voir 2ᵉ de couverture). Reprenant ici la forme poétique du sonnet, il en utilise la pointe, c'est-à-dire les derniers vers afin de ménager une surprise et un retournement dramatique : cet amour idyllique entre Jason et Médée cache déjà une colère terrible.

JASON ET MÉDÉE

À Gustave Moreau[4].

En un calme enchanté, sous l'ample frondaison[5]
De la forêt, berceau des antiques alarmes[6],
Une aube merveilleuse avivait[7] de ses larmes,
Autour d'eux, une étrange et riche floraison.

---

1. Dénaturée : dégénérée.
2. Impie : qui offense la religion.
3. Barbarie : sauvagerie.
4. Gustave Moreau : peintre français (1826-1898).
5. Frondaison : feuillage des arbres.
6. Alarmes : inquiétudes.
7. Avivait : rendait vif.

5   Par l'air magique où flotte un parfum de poison,
    Sa parole semait la puissance des charmes[1] ;
    Le Héros la suivait et sur ses belles armes
    Secouait les éclairs de l'illustre Toison.

    Illuminant les bois d'un vol de pierreries,
10 De grands oiseaux passaient sous les voûtes[2] fleuries,
    Et dans les lacs d'argent pleuvait l'azur des cieux.

    L'Amour leur souriait ; mais la fatale Épouse
    Emportait avec elle et sa fureur jalouse
    Et les philtres d'Asie et son père[3] et les Dieux.

THÉÂTRE

Texte 9 — CATULLE MENDÈS (1841-1909), *Médée* (1898) ♦ acte II

Au deuxième acte, Médée est en proie à une rage folle. Elle veut tuer Créuse et rien ne saurait l'en empêcher. Dans sa longue tirade, la femme vengeresse s'exprime comme une héroïne décadente : usant d'un vocabulaire très précieux et de termes rares, elle renonce à être surhumaine et à pardonner, cédant aux sirènes de la vengeance.

MÉDÉE

Crois-tu qu'on puisse vivre et l'être davantage[4] ?
– Ô mes chéris, c'est donc vainement[5] que j'aurai
Fait votre chair du sang de mon flanc torturé ;
Et que mon doigt, d'un mur à l'autre de la chambre,
5   Guida vos petits pieds lavés d'eau pure et d'ambre[6] ?

---

1. **Charmes** : sortilèges.
2. **Voûtes** : berceau formé par des plantes grimpantes.
3. **Son père** : ici le Soleil.
4. **Davantage** : davantage misérable ici.
5. **Vainement** : en vain, pour rien.
6. **Ambre** : parfum précieux et raffiné.

Je pensais : « Je verrai les fils de mon amour
Grandir, sages, vaillants, puis aimer à leur tour ;
C'est moi qui, fière, vers une couche[1] royale,
Porterai devant eux la torche nuptiale ; »
10   Vieille, vous me gardiez, sans ennui, près de vous ;
Morte, vous m'honoriez de soins pieux[2] et doux[3] ;
Car c'est le plus cher bien[4] qu'ici-bas l'on envie
Que d'être enseveli par qui vous dut la vie.
Mais il n'est plus, l'aimable espoir ! Je pars d'ici,
15   Seule et farouche, et vous, vous partirez aussi
Pour l'exil plus obscur d'une vie inconnue !
Qu'avez-vous ? et pourquoi m'avez-vous retenue,
Si tristement ?... J'ai cru que vous me compreniez...
Non, vous riez. Oh ! ces doux rires... les derniers !
20   – Je n'accomplirai pas la chose surhumaine !
J'embrasse mes enfants vivants, et les emmène !
Stupidité que pour punir l'époux enfui,
Je nous fasse, nous trois, plus malheureux que lui !
Mais, lâche, on se rira de ta rage éphémère !
25   « Se venger, elle ? non, elle est trop bonne mère ! »
Et ceux-ci souffriront, sans gîtes[5], sans parents,
Moins heureux qu'au tombeau dans leurs berceaux errants.
Donc, vous mourrez, mes fils ; c'est chose dite et faite.
Ô plus horrible effort – Noire Hécate[6], es-tu prête ? –
30   À leur donner la nuit qu'à leur donner le jour[7] !
N'importe ! et si l'ardent soleil qui tour à tour

---

1. Couche : lit conjugal.
2. Pieux : emplis de piété et de dévotion.
3. Doux : agréables.
4. Bien : bienfait.
5. Gîtes : lieu où dormir.
6. Hécate : déesse des Enfers, protectrice de Médée.
7. À leur donner la nuit qu'à leur donner le jour : à les faire mourir qu'à les faire vivre.

Dans l'or ou dans la pourpre éblouissante règne,
Ne veut pas voir l'atroce action, qu'il s'éteigne !
— Mais il brille, voyez, et l'heure est loin encor[1].
35 Donnez vos mains, vos bras, ailes[2] au frêle[3] essor,
Que je les baise ! Ils ont la peau tiède et si rose.
Vous serez blancs et froids. Votre père en est cause.
Ô cœur amer, ô cœur furieux, tu te fends
En pleurs de miel au souffle aimé de mes enfants !

■ Médée contemporaine

Au sortir de la Seconde Guerre mondiale, plus que jamais la barbarie et la folie meurtrière au cœur du mythe de Médée sont d'actualité. Il revient en premier lieu à **Jean Anouilh** d'interroger la figure de cette femme sanguinaire pour la porter à la scène. C'est une même interrogation sur l'identité et l'universalité de cette femme à la terrible violence qui, quelques années plus tard, va guider *Médée* (1969), film inspiré d'Euripide et signé du réalisateur italien **Pier Paolo Pasolini** (1922-1975) dans lequel Médée est jouée par la flamboyante cantatrice Maria Callas (voir 3e couverture). Le visage de l'héroïne à la fois aimante et destructrice conduit, au début des années 2000, le jeune romancier et dramaturge **Laurent Gaudé** à explorer les possibilités tragiques du mythe. Enfin, ce parcours des réécritures de Médée se clôt sur un texte méditatif et poétique de **Pascal Quignard** qui revient à la tragédie d'Euripide pour percevoir si les différentes réécritures du mythe dans l'histoire n'auraient pas occulté le visage de la véritable Médée.

---

1. Encor : encore.
2. Ailes : aides.
3. Frêle : fragile.

Une Médée d'après-guerre, criminelle et mortelle : Jean Anouilh (voir p. 144)

À l'instar de Jean Giraudoux (1882-1944), Jean Anouilh s'est fait connaître par un théâtre qui s'attache essentiellement à réactualiser les mythes de l'Antiquité en les interprétant en fonction des bouleversements historiques récents. Si *Antigone* (1944) apparaît comme son plus grand succès, *Médée* (1946) n'en demeure pas moins une véritable réussite dramaturgique. La réécriture d'Anouilh est éclairée par la Seconde Guerre mondiale et par l'horreur nazie : son interprétation est explicitement politique si bien que les variations qu'Anouilh fait subir au mythe sont considérables. Dans un monde débarrassé de la fatalité des dieux et de leur présence, Médée est désormais une femme sanguinaire qui massacre aveuglément comme l'a fait l'Allemagne du Troisième Reich. Jason entre en constante résistance contre son odieuse épouse et parvient finalement à y échapper. Médée meurt sous ses yeux dans un soulagement qui est celui de la France de 1945 à la Libération.

Une Médée indienne et universelle : Laurent Gaudé (voir p. 147)

Hanté déjà dans son œuvre romanesque par de multiples figures mythologiques, Laurent Gaudé réinterprète de la même manière dans son théâtre nombre de mythes en interrogeant leur universalité. Dans *Médée Kali* (2003), le dramaturge propose une notable variation de l'histoire de Médée en la croisant avec une légende indienne jumelle, celle de Kali, épouse de Shiva et déesse de la destruction. Élevée non loin du Gange, parmi les parias et autres pestiférés, la Médée de Gaudé est une femme solitaire qui a tué ses enfants suite à l'infidélité de Jason. Mais sa progéniture est enterrée en Grèce alors qu'elle souhaite lui offrir les eaux du Gange pour dernière demeure. Cruelle et intrépide, elle s'impose cependant en femme ambiguë et double, comme la déesse Kali :

figure de la destruction, elle n'en demeure pas moins une mère aimante qui vit dans le remords d'avoir tué ses enfants. Pour Gaudé, Médée dans son amour maternel devient universelle et traverse ainsi toutes les cultures.

Une méditation érudite et livresque sur Médée : Pascal Quignard (voir p. 149)

Considéré comme l'un des auteurs contemporains les plus importants de sa génération, Pascal Quignard est notamment connu du grand public pour le triomphe de son roman *Tous les matins du monde* (1991) porté à l'écran par Alain Corneau et notamment interprété par Gérard Depardieu. Mais, si son œuvre romanesque s'intéresse aux figures oubliées de l'histoire, comme monsieur de Sainte-Colombe, son œuvre d'essayiste, notamment marquée par les volumes du *Dernier Royaume* (Prix Goncourt 2002), se nourrit en partie d'analyses sur des aspects méconnus des mythes antiques et leur incidente actualité. Le mythe de Médée n'échappe pas à sa réflexion dans un bref texte, *Medea* (2011), où, entre érudition et poésie, Quignard dévoile une Médée en proie au doute avant de passer à l'acte. Car qui est réellement Médée au bout du compte ? Telle est la question auquel ce texte, porté à la scène par la danseuse Carlotta Ikeda et lu par Quignard lui-même, n'apporte délibérément pas de réponse.

THÉÂTRE

Texte 10

JEAN ANOUILH (1910-1987), *Médée* **(1946)** © Éditions de La Table Ronde, 1947

Dans cette dernière scène, Jason qui a quitté Médée par désamour se confronte une dernière fois à la femme vengeresse. Dans un coup de théâtre ultime, celle qui vient de tuer ses enfants se donne la mort sur scène. Après ce suicide, Jason reste seul pour reconstruire l'avenir de Corinthe et du monde.

JASON, *s'arrête*

Où sont les enfants ?

MÉDÉE

Demande-le-toi une seconde encore que je regarde bien tes yeux.
Elle lui crie.
Ils sont morts, Jason ! Ils sont morts égorgés tous les deux, et avant que tu aies pu faire un pas, ce même fer va me frapper. Désormais j'ai recouvré[1] mon sceptre ; mon frère, mon père, et la toison du bélier d'or est rendue à la Colchide : j'ai retrouvé ma patrie et la virginité que tu m'avais ravies ! Je suis Médée, enfin, pour toujours ! Regarde-moi avant de rester seul dans ce monde raisonnable, regarde-moi bien, Jason ! Je t'ai touché avec ces deux mains-là, je les ai posées sur ton front brûlant pour qu'elles soient fraîches et d'autres fois brûlantes sur ta peau. Je t'ai fait pleurer, je t'ai fait aimer. Regarde-les, ton petit frère et ta femme, c'est moi. C'est moi ! C'est l'horrible Médée ! Et essaie maintenant de l'oublier !

Elle se frappe et s'écroule dans les flammes qui redoublent et enveloppent la roulotte[2]. Jason arrête d'un geste les hommes qui allaient bondir et dit simplement.

JASON

Oui, je t'oublierai. Oui, je vivrai et malgré la trace sanglante de ton passage à côté de moi, je referai demain avec patience mon pauvre échafaudage d'homme sous l'œil indifférent des dieux.

Il se tourne vers les hommes.
Qu'un de vous garde autour du feu jusqu'à ce qu'il n'y ait plus que des cendres, jusqu'à ce que le dernier os de Médée soit brûlé. Venez, vous autres. Retournons au palais. Il faut vivre

---

1. Recouvré : retrouvé.
2. Anouilh a choisi d'installer Médée dans une roulotte pour mettre en scène l'errance de cette femme qui va d'exil en exil.

maintenant, assurer l'ordre, donner des lois à Corinthe et rebâtir sans illusions un monde à notre mesure pour y attendre de mourir.

Il est sorti avec les hommes sauf un qui se fait une chique et prend morosement[1] la garde devant le brasier. La nourrice entre et vient timidement s'accroupir près de lui dans le petit jour qui se lève.

La Nourrice

On n'avait plus le temps de m'écouter, moi. J'avais pourtant quelque chose à dire. Après la nuit vient le matin et il y a le café à faire et puis les lits. Et quand on a balayé, on a un petit moment tranquille au soleil avant d'éplucher les légumes. C'est alors que c'est bon, si on a pu grappiner[2] quelques sous, la petite goutte chaude au creux du ventre. Après on mange la soupe et on nettoie les plats. L'après-midi, c'est le linge ou les cuivres[3] et on bavarde un peu avec les voisines et le souper arrive doucement... Alors on se couche et on dort.

Le Garde, *après un temps*

Il va faire beau aujourd'hui.

La Nourrice

Ça sera une bonne année. Il y aura du soleil et du vin. Et la moisson ?

Le Garde

On a fauché la semaine dernière. On va rentrer demain ou après-demain si le temps se maintient.

La Nourrice

La récolte sera bonne par chez vous ?

---

1. **Morosement** : avec tristesse, morosité.
2. **Grappiner** : saisir, prendre.
3. **Les cuivres** : nettoyer les casseroles en cuivre.

Le Garde

40 Faut pas se plaindre. Il y aura encore du pain pour tout le monde cette année-ci.

Le rideau est tombé pendant qu'ils parlaient.

THÉÂTRE

Texte 11

LAURENT GAUDÉ (né en 1972), ***Médée Kali*** (2003) ♦ acte V © Actes Sud,

Dans cette cinquième scène, Médée Kali confesse les crimes dont elle s'est rendue coupable par amour pour Jason et dévoile sa folle passion pour le guerrier. Elle évoque notamment l'épisode de l'infanticide où elle brûla ses propres enfants. Ce monologue en vers libres, où elle se montre victime, est précédé d'un autre monologue en italique, celui des ses propres enfants qui parlent bien après leur mort. Les deux monologues ne communiquent pas, comme dans un dialogue impossible entre la mère meurtrière et ses enfants.

Rien ne vient à bout de notre mère, ni la terre lourde sur nos tombes, ni le marbre qui nous protégeait, rien ne vient à bout de sa ténacité. Ses mains nous ont retrouvés. Elle nous enlace, elle nous peigne, elle embrasse nos fronts et nous dispose doucement, l'un à côté
5 *de l'autre, les mains sur la poitrine, les yeux fermés. Elle souffle sur les flammes. Les flammes qui nous réchauffent d'abord et nous font sourire, qui croissent ensuite et nous font mal, jusqu'à nous brûler la peau, jusqu'à nous faire cloquer le visage. Il ne restera rien. Il ne restera rien de ton sourire ni du mien, qu'un peu de cendres, mon frère.*

Médée Kali

10 Nos enfants brûlent Jason.
Je t'ai aimé.
Nos enfants brûlent,
Tu frémis dans ton immobilité.
Nous n'aurons bientôt rien été l'un pour l'autre.
15 De mes hanches ne sera sorti aucun nourrisson.

Ta main belle et large ne se sera posée sur la tête d'aucun fils.
Notre amour brûle, Jason,
Dans une odeur écœurante de chair et de fumée.
Je te regarde une dernière fois avant de t'oublier.
Je t'ai aimé, Jason.
Je me souviens encore de ce jour où tu vins à moi.
L'air autour de moi s'est mis à manquer.
J'ai agrippé ma robe pour ne pas vaciller.
Je t'ai regardé et j'ai vu une vie immense qui s'étalait devant moi
    comme la mer Égée, une vie possible de bonheur.
Tes lèvres fines,
Ton regard insolent,
Tu étais devant moi
Et j'aurais voulu mordre dans ta beauté.
J'ai été à toi à cet instant.
Tu l'as vu.
Je me suis agenouillée devant toi.
J'ai baisé tes pieds salis par la marche.
J'ai baisé tes mains souillées par les combats.
Tu n'as rien eu à demander.
J'étais ce que tu voulais.
Une mère pour tes enfants,
Une chienne fidèle pour tes vieux jours,
J'étais ce que tu voulais,
L'amante,
Ou le poignard.
J'acceptais tout.

ESSAI POÉTIQUE

PASCAL QUIGNARD (né en 1948), *Medea* (2011) © Éditions Ritournelles

Méditant sur des fresques romaines représentant Médée et sur la tragédie d'Euripide, Pascal Quignard propose de réfléchir à ce qui a pu pousser la mère à son geste criminel. Pour lui, paradoxalement, Médée ne songe peut-être qu'à repousser son désir de vengeance. Désire-t-elle vraiment tuer ? C'est la question que se pose Quignard.

ZOOM TÊTE MÉDÉE

À l'intérieur du temple d'Héra[1] Médée abandonnée médite. Elle est toute entière à l'écoute de son corps au sein duquel les forces se combattent. La méditation dans le monde antique s'imagine[2] comme un débat de voix qui a lieu à l'intérieur du corps. D'étranges envies terribles s'avancent en elle, divergent en elle, s'opposent en elle, parlent en elle.

Elle dialogue avec elle-même.

Elle pense – et il faut méditer cet air, sur son visage, qui n'a rien de furieux. C'est même un air paisible. Ou même, un air heureux. Elle est peut-être heureuse. Le songe[3] de vengeance peut-être l'enchante-t-il. Peut-être la peine de Jason, qu'elle aperçoit comme un horizon, l'emplit-elle de bonheur. Le temps autour d'elle, à la limite d'elle, concentré à l'intérieur de son visage, entre son front couvert de lumière et ses yeux, semble arrêté. De même que dans la volupté, le temps est comme entièrement épanché[4], de même une joie intense vient se déverser, sa bouche s'entrouvre. Il est vrai qu'une allégresse fabuleuse[5] peut envahir le corps quand on songe à la souffrance qu'on peut infliger à celui qu'on hait le plus au monde.

---

1. **Héra** : femme et sœur de Zeus.
2. **S'imagine** : se représente.
3. **Songe** : rêve.
4. **Épanché** : fait couler.
5. **Allégresse fabuleuse** : joie extraordinaire.

En amont du temps, indécise, la Medea[1] de Sénèque écoute l'une et l'autre des forces qui s'affirment en elle.

Peu à peu quelque chose se lève en elle et va l'emporter.

Comme le soleil monte, comme il se lève sur le monde, Médée, debout, s'érige sur la paroi.

Le glaive dressé à l'extrême droite de la fresque[2] accentue cette rigidité qui a saisi son corps.

Elle est en proie à la poussée de la force.

Elle va être aux prises avec la marée montante de sa détermination, ou de sa pacification, ou de l'augmentation vindicative qui peut aller jusqu'à l'explosion colérique.

C'est ainsi que la fresque solaire, grecque, si éclatante, si vaste, de Pompéi, la fresque plus sombre, plus anxieuse, toute droite, verticale, romaine, d'Herculanum[3], présentent toutes deux Médée à la croisée des chemins de sa colère. Comment est montrée la pensée ? La pensée est montrée dans « l'instant d'avant » de la décision qui peut être aussi bien celle de la mort comme elle peut être celle de la vie. À sa droite, les enfants jouent encore.

Ce qui est montré sur les fresques antiques, ce n'est pas du tout ce que les modernes[4] y perçoivent : ce n'est pas Médée méditant ses meurtres. Il est possible qu'au contraire, aux yeux du peintre fresquiste[5], Médée cherche de toutes ses forces à émousser son désir de vengeance et prépare sa pitié, son pardon, son *apatheia*[6]. Rien ne dit en tout cas qu'elle cherche, ou non, à amplifier ou à

---

1. Medea : Médée en latin. Quignard reprend ici le nom de l'héroïne dans la tragédie de Sénèque.
2. Fresque : peinture murale.
3. Herculanum : ville romaine antique proche de Naples, détruite par une éruption du Vésuve en 79 ap. J.-C. et miraculeusement conservée en l'état.
4. Modernes : hommes contemporains.
5. Peintre fresquiste : peintre spécialisé dans les fresques murales.
6. *Apatheia* **:** terme latin employé par les mystiques et qui renvoie à l'absence de passion.

dériver l'élan (ce que les Stoïciens[1] appellent la *hormè*) qui la traverse, à exciter ou à réprimer sa colère.

Elle est comme l'orage.

Elle est comme l'orage à l'instant où la nuée s'accumule dans le ciel, avant qu'on sache s'il passe ou s'il crève.

Plus précisément encore : la peinture antique ne représente pas l'action qu'elle évoque : elle figure l'instant qui la précède. Sur les deux fresques qui nous restent de l'antiquité, Médée est exactement le temps suspendu avant l'orage (le silence, l'immobilité, la lourdeur avant que l'orage tonne, illumine, éclate, dévaste le lieu).

Dans le moment que représente la peinture romaine, l'anecdote est absente, on ignore encore l'action qui va survenir.

---

[1]. **Les Stoïciens** : courant philosophique grec et latin qui recommande de vivre en accord avec la nature pour atteindre à la sérénité et au bonheur sans céder aux forces destructrices de la passion.

155 **REPÈRES CLÉS**

163 **FICHES DE LECTURE**

180 **OBJECTIF BAC**

REPÈRE 1

Corneille, un destin théâtral

Né le 6 juin 1606 à Rouen et mort le 1er octobre 1684 à Paris, Pierre Corneille dit aussi « Le Grand Corneille » ou encore « Corneille l'aîné » s'impose comme l'un des dramaturges français les plus importants du XVIIe siècle. Précurseur de la tragédie classique qu'il a notamment initiée avec Médée *en 1635, Corneille a consacré très tôt l'essentiel de sa vie à l'écriture théâtrale au point que son existence se confond avec son œuvre.*

D'UNE MODESTE CARRIÈRE DE JURISTE AU TRIOMPHE DU DRAMATURGE (1624-1629)

Pourtant rien ne semblait prédestiner le jeune Normand à une carrière d'écrivain. Issu d'une famille de bourgeoisie de robe[1], Corneille entend, comme son père, vouer sa vie au métier d'avocat.

1 • Une vocation théâtrale précoce

• Corneille commence par suivre de brillantes études secondaires au collège de Bourbon tenu par les frères jésuites. Distingué par de nombreux prix d'excellence, il se découvre **une passion précoce pour le théâtre** que les jésuites font intensément pratiquer à leurs élèves.

• **Fervent lecteur des auteurs grecs et latins**, il découvre avec enthousiasme les réécritures théâtrales du mythe de Médée par Euripide et Sénèque qui lui donneront le goût de la tragédie. **Sa vocation dramaturgique est née**.

2 • Un avocat sans éloquence

• Cependant, avant de se consacrer pleinement au théâtre, le brillant étudiant achève son droit et **devient avocat en 1624** au Parlement de Rouen. Mais Corneille se révèle **un piètre orateur**. Timide et maladroit, il livre des plaidoiries dépourvues d'éloquence.

• Prenant acte de son manque de talent comme plaideur, Corneille décide d'occuper dès 1629 une charge de juriste qui lui laisse suffisamment de temps et d'argent pour se livrer à l'écriture.

---

1. Bourgeoisie de robe : sous l'Ancien Régime, désigne les bourgeois qui occupent des fonctions administratives notamment dans la justice comme magistrat, avocat ou juriste.

3 • Un succès immédiat

Retrouvant dans le théâtre et dans les monologues de ses personnages la puissance oratoire qui lui a fait défaut comme avocat, il livre la même année **sa première comédie**, *Mélite*. Interprétée par la célèbre troupe du Marais avec laquelle il va collaborer jusqu'en 1647, la pièce connaît un succès immédiat. **Sa carrière de dramaturge est lancée**.

SUCCÈS ÉCLATANTS ET ÉCHECS RETENTISSANTS (1629-1652)

À l'image du destin chaotique de Médée, l'une de ses premières héroïnes, le parcours théâtral de Corneille est tout à la fois marqué par des moments de gloire et par de cuisants échecs.

1 • Des débuts d'auteur de comédie

Corneille se fait tout d'abord connaître comme auteur de comédies. **Le dramaturge enchaîne les succès auprès d'un public toujours plus large** avec des pièces comiques telles que *La Veuve* (1632), *La Galerie du Palais* (1633), *La Suivante* (1634) et *La Place royale* (1634). Mais **c'est comme tragédien qu'il triomphe**.

2 • *Médée* : un tournant dans la carrière de Corneille

• L'année 1635 marque un tournant décisif dans la carrière de Corneille avec la création de *Médée,* sa première tragédie. Tout en rendant enfin hommage à Euripide et à Sénèque avec qui, cependant, la pièce prend des libertés, **Médée jette les fondements d'une nouvelle écriture tragique** dont le reste de l'œuvre de Corneille va explorer les possibilités. Corneille a trouvé sa voie.

• Si *L'Illusion comique* constitue, en 1636, un nouveau succès de comédie, le triomphe de sa tragi-comédie, *Le Cid,* l'année suivante consacre Corneille comme le plus grand auteur de tragédies de sa génération.

3 • La consécration du tragédien

• Ce succès se confirme dès 1640 à la création d'*Horace* qui ouvre la série de ses tragédies historiques et politiques. Se succèdent alors à un rythme soutenu *Cinna ou la clémence d'Auguste* (1641), *Polyeucte* (1642), *La Mort de Pompée* (1642), *Rodogune* (1644), *Héraclius* (1647) ou encore *Nicomède* (1651) pour les plus célèbres d'entre elles.

- **La consécration est telle que Corneille entre à l'Académie française en 1647.** Cependant, cette ascension connaît un brusque coup d'arrêt avec l'échec retentissant de *Pertharite* en 1652. Déçu, Corneille décide de renoncer à l'écriture théâtrale.

UNE FIN DE CARRIÈRE DIFFICILE (1652-1684)

Dès lors, la carrière de Corneille s'assombrit : si l'homme se remet progressivement à écrire grâce encore à la figure de Médée en évoquant cette fois l'épisode de la Toison d'or, il va se confronter à la concurrence de la nouvelle génération de tragédiens incarnée par Jean Racine (1639-1699).

1 • Un retour progressif

- Retiré de la vie publique, Corneille se consacre à la traduction de *L'Imitation de Jésus-Christ,* l'un des plus grands succès de librairie au XVIIe siècle. Mais il s'occupe surtout de l'édition et de l'examen critique de l'ensemble de ses pièces qui paraîtront en 1660. Il reviendra notamment longuement sur *Médée* et sur les modifications apportées au mythe (voir « Examen », p. 9).

- **C'est en effet ce nouveau travail sur le mythe de Médée qui va pousser Corneille à revenir au théâtre.** Dès 1656, à la faveur d'une commande, le dramaturge décide de mettre ainsi en scène l'expédition de Jason et de ses compagnons les Argonautes partis à la recherche de la Toison d'or (voir anthologie, p. 111) dans une pièce à grand spectacle intitulée *La Conquête de la Toison d'or*. La pièce triomphe en 1660 faisant suite au succès d'*Œdipe* un an plus tôt. **La carrière de Corneille est relancée.**

2 • Une rivalité fatale avec Racine

- Toutefois, le retour de Corneille sur le devant de la scène est de courte durée. Malgré le succès de tragédies comme *Sertorius* (1662), *Sophonisbe* (1663) ou *Attila* (1667), **Corneille est progressivement éclipsé par le jeune Racine qui recueille davantage les faveurs du public.** Ainsi, en 1670, *Tite et Bérénice* de Corneille se révèle un échec face au triomphe de *Bérénice* de Racine.

- Mais le succès de Racine soulève une interrogation. Comment expliquer que le public se détourne de Corneille dont il critique le style vieilli et l'expression du sentiment amoureux, alors qu'il célèbre **Racine qui ne fait que rendre hommage à la peinture de la passion telle qu'elle se donnait notamment dans *Médée* ?**

- En 1674, la tragédie, *Suréna,* de Corneille est éclipsée par le triomphe d'une autre tragédie de Racine, *Iphigénie*. Ce dernier échec pousse Corneille à se retirer définitivement.

3 • Une fin de carrière dans le silence et la disgrâce

Boudé par le public, Corneille finit son existence dans le silence et la disgrâce. Sa rente royale est supprimée. Alors qu'il n'écrit plus, il reste cependant **l'auteur le plus joué jusqu'à sa mort, le 1er octobre 1684**. Racine prononce son éloge funèbre, annonçant sa gloire posthume.

REPÈRE 2

Médée, pièce maudite ?

À l'image de son héroïne infortunée et malheureuse, la Médée de Corneille semble une pièce maudite. Montée avec succès, elle sombre progressivement dans un oubli presque complet pendant plus de trois siècles. Démodée et jugée irreprésentable, Médée doit attendre la fin du XXe siècle pour connaître à nouveau les honneurs de la scène.

UNE CRÉATION AU SUCCÈS RELATIF

Créée lors de la saison théâtrale de 1634-1635, la *Médée* de Corneille s'inscrit dans la vogue du retour aux tragédies antiques inspirées de Sénèque, à l'instar la même année d'*Hercule mourant* de Jean de Rotrou (1609-1650), de *Sophonisbe* de Jean Mairet (1604-1686) et d'*Hippolyte* de Guérin de La Pinelière (1615-1640).

1 • Un enthousiasme public et critique

• **Le succès de** *Médée* **est tout d'abord public**. Interprétée par Montdory, célèbre acteur de l'époque en charge du rôle de Jason, et par la populaire La Villiers dans le rôle de Créuse, **la tragédie a été jouée sans interruption pendant quatre ans**. Et, comme cela se faisait à l'époque pour les pièces à grand succès, elle n'a été publiée en librairie que tardivement, en 1639, afin de laisser à la troupe du Marais l'exclusivité du texte, privant ainsi la troupe rivale de l'Hôtel de Bourgogne de l'interpréter.

• **Médée reçut aussi un accueil critique favorable**. De nombreux commentateurs de l'époque, dont le dramaturge Georges de Scudéry (1601-1667), en louèrent les grandes qualités scéniques et l'invention dramatique. Mais cet engouement ne fut que de courte durée.

> **Les troupes de théâtre**
>
> Au XVIIe siècle, il n'existe que deux grandes troupes de théâtre : la troupe de l'Hôtel de Bourgogne fondée en 1548, reconnue comme la troupe des comédiens du roi, et la troupe du Marais, originaire de Rouen comme Corneille, et qui s'installa à Paris en 1634. À la fin du XVIIe siècle, la fusion des deux troupes donna naissance à la Comédie-Française.

2 • Un succès vite éclipsé

• En effet, le succès de *Médée* fut tout d'abord éclipsé **par le triomphe foudroyant des autres pièces de Corneille**. *L'Illusion comique* en 1636 et le *Cid* en 1637, ainsi que la vive polémique qui fut déclenchée par cette dernière pièce reléguèrent **la première tragédie de Corneille au second plan**.

- Mais ce désintérêt s'explique aussi politiquement. À la différence de ses comédies, *Médée* fut la première pièce de Corneille à souffrir de l'absence de soutien politique, moral et financier du cardinal de Richelieu (1585-1642) avec lequel l'auteur s'était fâché.

> **Richelieu et le théâtre**
>
> Le cardinal de Richelieu a joué un rôle fondamental dans le développement et la protection des arts au XVIIe siècle. Cherchant à fixer les règles et usages de la langue française, il a fondé en 1635 l'Académie française chargée de rédiger un dictionnaire faisant autorité. Passionné de théâtre, il commanda des pièces et fit de son Palais Cardinal, l'actuel Palais-Royal, un lieu de représentations.

UNE PIÈCE PEU REPRÉSENTÉE

Contrairement aux autres tragédies de Corneille qui, au cours des siècles suivants, remportèrent les faveurs du public, **Médée fut une pièce très peu jouée**. Après être tombée dans l'oubli à la fin du XVIIe siècle, elle ne connut tout au plus qu'une dizaine de représentations au cours des XVIIIe et XIXe siècles. Mais comment expliquer que cette pièce ait été si peu représentée ?

1 • Une pièce démodée ?

- Habitué par les tragédies de Racine à la rigueur formelle du classicisme, le public voit *Médée* comme une pièce démodée et irrégulière qui prend **des libertés dramaturgiques avec les sources antiques du mythe de Médée** (repère 1, p. 155)

- **Comme le reconnaîtra Corneille en 1660 dans l'« Examen », sa pièce peut être perçue comme « un spectacle désagréable »** (p. 13) qui ne correspond plus au goût de l'époque : par exemple, les morts de Créon et Créuse sont trop pathétiques ou encore l'emprisonnement d'Égée se révèle un épisode trop statique et ennuyeux où, comme le dit Corneille, « l'action (est) fort languissante. » (p. 13). Le style de cette tragédie, que Corneille juge lui-même « fort inégal » (p. 15), n'était sans doute plus du goût d'un public avide de pureté formelle.

2 • Une pièce matériellement difficile à représenter ?

- D'inspiration baroque (fiche 1, p. 162), **cette pièce est l'une des rares de Corneille à poser des problèmes techniques de représentation**. Si les pièces à machines[1]

---

1. Pièce à machines : pièce de théâtre qui repose sur des effets de mise en scène spectaculaires utilisant des machines pour les changements de décor.

sont à la mode dans la première moitié du XVIIe siècle, les siècles suivants s'en détournent et jugent dépassé ce goût pour le surnaturel dont témoigne Médée la magicienne.

- Les nombreux changements de décor entre la prison d'Égée et la grotte de Médée, la robe qui brûle Créuse, la mort violente de Créon et le départ final de Médée tirée dans le ciel par son char à dragons sont autant d'artifices qui nécessitent **des effets spéciaux difficiles à mettre en scène**.

3 • Une tragédie trop violente ?

- Cependant, le problème le plus important de représentation tient sans doute à **la grande violence de son héroïne**. De fait, le meurtre des enfants par leur propre mère peut choquer le spectateur peu habitué à voir une figure de femme infanticide.

- Habitué aux règles de bienséance et à la rigueur morale du théâtre classique, **le public ne peut être qu'horrifié** par la multiplication des morts cruelles et sanguinaires sur scène, dont le suicide final de Jason.

Toutes ces raisons expliquent que le public se soit pendant plusieurs siècles si massivement détourné de la pièce.

UN RENOUVEAU CONTEMPORAIN ?

Cependant, la **tragédie de Corneille sera progressivement redécouverte au cours du XXe siècle** et connaîtra un véritable renouveau.

1 • Des hommages successifs à Corneille

Ce sont les nombreuses réécritures du mythe de Médée qui vont de nouveau jeter la lumière sur la pièce oubliée de Corneille. En effet, de Jean Anouilh à Pascal Quignard en passant par Laurent Gaudé (voir anthologie p. 142), les différentes interprétations de la figure de la femme amoureuse et infanticide **attirent l'attention sur la tragédie de Corneille**.

2 • Un regain de popularité

- **Deux mises en scène** récentes se distinguent ainsi par le renouveau et la liberté d'interprétation qu'elles apportent.

- En 1995, le travail plastique et scénique de **Jean-Marie Villégier** porte de nouveau *Médée* sur scène dans l'auditorium du Louvre. Originale, avant-gardiste et dépouillée, la mise en scène de Villégier privilégie **un retour au texte** souligné par une absence de décor, de costumes et de déplacements sur la scène. Statique et ne jouant d'aucun effets spéciaux pour illustrer les pouvoirs de Médée, la mise en scène souligne le travail des comédiens qui, dans leur diction, accentuent **la puissance poétique des vers de Corneille**.

- En 2012 et 2013, portée par un très vif succès public et critique, la mise en scène de **Paolo Correia** au Théâtre National de Nice puis au Théâtre de la Tempête à Paris remet *Médée* au goût du jour (voir photo de couverture).

- Très contemporaine, la Médée interprétée par Gaëlle Boghossian est une femme magicienne et amoureuse. Elle s'inspire à la fois de **l'Heroic Fantasy**[1] et **d'un imaginaire gothique**[2] et sombre proche de la série télévisée à succès *Game of Thrones* dont les jeux de pouvoirs et de barbarie font écho à Corneille.

- La mise en scène de Paolo Correia s'appuie sur de nombreuses projections vidéos multimédia en 3D de gravures de Gustave Doré (1832-1883) accompagnées de la musique de l'opéra de Thomas Corneille et du compositeur baroque Marc-Antoine Charpentier (voir anthologie p. 132). L'association osée de ces effets technologiques, de gravures anciennes et de musique baroque permettent à cette mise en scène de souligner, de manière novatrice, **la noirceur de l'âme et les pouvoirs magiques de l'héroïne**.

La redécouverte récente de *Médée* révèle la richesse et l'actualité du théâtre de Corneille plus vivant que jamais.

---

1. Heroic Fantasy : romans ou bandes dessinées dont les intrigues héroïques et fantastiques se situent dans un contexte médiéval.

2. Imaginaire gothique : imaginaire inspiré des légendes fantastiques du Moyen Âge.

FICHE 1

Une tragédie entre baroque et classicisme

Dans son épître dédicatoire, Corneille affirme d'emblée que Médée *met en scène « le crime en son char de triomphe » (p. 7). Cette formule, qui souligne la violence sanguinaire de l'intrigue, range la pièce du côté du mouvement baroque qui, en 1635, était en vogue. Cependant, cette première tragédie constitue surtout un moment charnière dans l'œuvre de Corneille car s'y lisent déjà les prémices du classicisme. Ainsi, au cœur de « ce tragique spectacle » (v. 93, p. 22) inspiré d'Euripide et de Sénèque, la pièce de Corneille s'impose comme l'une des premières réécritures morales du mythe de Médée qui innocente l'héroïne.*

UNE TRAGÉDIE AUX ACCENTS BAROQUES

Comme ses contemporains inspirés par les auteurs antiques, Corneille choisit pour composer *Médée* d'imiter et de traduire de larges extraits de la pièce de Sénèque. Il en reprend notamment les scènes de furie dont il accentue le caractère fantastique conformément au goût baroque de l'époque. Toutefois, Corneille prend soin d'en atténuer le déchaînement et la folie macabres.

> **Le baroque**
>
> Mouvement littéraire et culturel s'étendant de 1580 à 1660, le baroque se caractérise tout d'abord par un théâtre comique et festif marqué par un goût de l'illusion, du théâtre dans le théâtre, du jeu des apparences. Mais le baroque développe également un goût tragique caractérisé par un fantastique angoissant, la multiplication de morts violentes et par des personnages pathétiques et sanguinaires.

1 • Un spectacle fantastique

• Présente déjà chez Sénèque, **la dimension fantastique de Médée est ici renforcée et démultipliée de manière inédite**. Influencée par la mode baroque des pièces à machines[1] et effets spéciaux scéniques, l'univers de la pièce, qui use constamment de **l'hypotypose** (cette figure de style qui consiste à décrire une scène avec une telle précision qu'elle semble apparaître sous les yeux) est celui de l'illusion et du fantastique.

---

1. **Pièce à machines :** pièce de théâtre qui repose sur des effets de mise en scène spectaculaires utilisant des machines pour les changements de décor.

- On y découvre **les récits extraordinaires des exploits surnaturels** accomplis par Médée notamment lors de la conquête de la Toison d'or. Outre l'évocation par Jason et Pollux de son savoir maléfique (I, 1), **l'héroïne se vante, dans ses tirades, de ses prodiges** racontant en détail notamment comment elle endormit par ses charmes «Un dragon, enivré des plus mortels poisons/ Qu'enfantent les péchés de toutes les saisons,/ Vomissant mille traits de sa gorge enflammée» (v. 423-425, p. 41).

- **Des scènes entières sont consacrées à la représentation des actions surnaturelles** de la «sorcière» v. 1626, p. 107). Le spectateur voit se dérouler sous ses yeux les «noires actions» (v. 395, p. 39) de Médée préparant ses sortilèges, «*seule dans sa grotte magique*» (p. 71). Exerçant sa magie, elle «*donne un coup de baguette sur la porte de la prison*» pour délivrer Égée (p. 86).

- Le dernier acte de la pièce offre **un spectaculaire dénouement *deus ex machina*[1]** : à la surprise générale, dans un ensorcellement ultime, Médée prend la fuite «*en l'air dans un char tiré par deux dragons*» (p. 104).

- Affirmant son goût baroque, un an avant *L'Illusion comique*, Corneille livre au public, avec *Médée*, **l'illusion tragique dans son cortège d'horreurs**.

2 • Le spectacle de la mort

- Autre héritage de Sénèque, le spectacle qui est donné de la mort dans *Médée* est caractéristique du baroque. **L'intrigue de la pièce est sanglante**. «Quel spectacle d'horreur» (v. 1444, p. 98) s'exclame Jason devant les atrocités commises sur scène par Médée qualifiée d'«exécrable tigresse» (v. 1549, p. 103). La série de morts violentes s'ouvre sur les récits du passé meurtrier de Médée responsable du **parricide de Pélie** (v. 59-63, p. 21) puis **du fratricide d'Apsyrtos** (v. 234, p. 30).

- Ce spectacle de la mort atteint à son paroxysme baroque à l'acte V lorsque, décidée à punir Jason de son infidélité, Médée se livre sur scène à son «aveugle vengeance» v. 353, p. 37). **Elle empoisonne sa rivale Créuse** qui, brûlée par «la robe empestée» (v. 1049, p. 76), meurt dans d'atroces souffrances, sous les yeux des spectateurs, clamant : «Ah! je brûle, je meurs, je ne suis plus que flamme» (v. 1417, p. 97). Médée se rend coupable également du **régicide de Créon** qui,

---

1. *Deus ex machina* : littéralement «Dieu sorti de la machine», le *deus ex machina* désigne l'événement inattendu qui vient, comme par enchantement et à la dernière minute, régler les problèmes du protagoniste.

pareillement empoisonné, décide de **se poignarder sur scène** afin de mettre fin à son supplice (V, 4).

• Les deux dernières morts de la pièce proposent une différence importante par rapport à la *Médée* de Sénèque. De fait, **l'infanticide** n'a plus lieu sur scène mais il est rapporté par Médée elle-même (V, 6). Enfin, pour la première fois de l'histoire des réécritures du mythe de Médée, **Jason se suicide et accomplit son geste sur la scène** (V, 7). Cependant, loin de participer au baroque du spectacle sanglant, ces deux dernières morts introduisent au classicisme naissant.

VERS UNE TRAGÉDIE CLASSIQUE

Alors que Sénèque avait fait de *Médée* l'histoire d'une femme cruelle et sans pitié, Corneille, s'inspirant également d'Euripide, choisit de représenter la violence d'une femme amoureuse bafouée. Désireux, dans un souci de vraisemblance, de rendre son héroïne plus humaine et plus sentimentale, Corneille amorce avec cette pièce, pourtant marquée par l'influence baroque, un virage vers la tragédie classique. Dans cette intrigue guidée par la fatalité de la passion amoureuse, le dramaturge observe la règle des trois unités.

> **La bienséance**
>
> Prenant son essor à partir de 1660 et jusqu'à la fin du XVIIe siècle, le théâtre classique se caractérise par sa rigueur. Porté par Racine et Boileau (1636-1711) qui le théorise, il met l'accent sur les règles de bienséance qui excluent le sang et les larmes sur scène et qui met en scène des personnages prisonniers de leur passion.

1 • Le respect de la règle des trois unités

• À l'exception notable de l'absence d'unité de lieu qui témoigne encore d'un goût baroque[1], *Médée* respecte déjà la règle des trois unités observées dans le théâtre classique.

• *Médée* **obéit parfaitement à l'unité de temps.** À l'instar de l'ensemble du théâtre classique, l'action tragique se déroule ici en une seule journée, du lever au coucher du soleil. **Cette journée devient** même **un enjeu dramatique** car il s'agit d'un délai supplémentaire accordé par Créon à Médée pour adoucir son sort et son bannissement comme il le dit: «De grâce ma bonté te donne un jour

---

1. La multiplication de différents espaces notamment à l'acte IV comme la «*grotte magique*» (p. 71) ou encore la scène où Égée est «*en prison*» (p. 83) annulent toute unité de lieu possible.

entier » (v. 504, p. 45). **Corneille veut ainsi donner du temps à Médée pour préparer sa vengeance contre Créuse, Créon et Jason.**

- Animée par ce même esprit, *Médée* **respecte également l'unité d'action**. Comme dans toute tragédie classique, la pièce offre **une intrigue principale : la vengeance de Médée** suite à l'infidélité de Jason avec Créuse. Mais l'introduction d'une intrigue secondaire avec l'amour d'Égée pour Créuse a pour but d'humaniser, par effet de contraste, l'héroïne. Autant Médée, obsédée par son besoin de vengeance, est terriblement humaine, autant Créuse sa rivale se montre cruelle et dépourvue de sensibilité : elle est aussi indifférente à la passion qu'Égée lui témoigne (II, 3 et 5) qu'au sort de Médée dont elle a pris le mari.

2 • Une fatalité de la passion humaine

- Cherchant à révéler l'« âme plus humaine » (v. 725, p. 58) de son héroïne, Corneille en vient à proposer une réinterprétation du mythe de Médée dans laquelle les femmes et les hommes apparaissent comme des victimes sans défense de la passion amoureuse. Anticipant la *Phèdre* de Racine (1677) qui incarnera une héroïne en proie à la passion amoureuse, Corneille suggère que la fatalité qui s'abat sur les protagonistes et qui conduit notamment Médée à devenir cette « jalouse en fureur » (v. 575, p. 49) ne provient pas des dieux vengeurs décidés à punir les hommes. **Pour Corneille, *Médée* illustre la tragédie sentimentale des hommes et des femmes qui commettent le crime d'aimer la mauvaise personne.**

- Cause du *fatum*[1], c'est-à-dire de la fatalité, l'amour non réciproque entre les êtres est vécu comme une impossibilité et comme une tragédie. Créuse est éprise de Jason qui ne l'épouse, en vérité, que par « maxime d'État » (v. 32, p. 19). Égée éprouve un amour sans retour pour Créuse auquel il ne voit qu'une issue fatale, selon son propre aveu : « Mon amour outragé court à la violence » (v. 686, p. 55). Et Médée, qui sacrifie tout pour son « immuable amour » (v. 368, p. 38) de Jason, se voit répudiée sans ménagement.

- En dépit de la folie meurtrière qu'il déclenche, **l'amour s'impose comme l'unique démesure ou *hybris*[2] dans l'univers cornélien.**

---

1. *Fatum* : voir encadré dans l'anthologie, p. 116.

2. *Hybris* : terme grec signifiant « démesure » et désignant la faute des hommes qui, par orgueil, décident de défier les dieux en choisissant un autre destin que celui qu'ils avaient élu pour eux.

UNE TRAGÉDIE MORALE ?

Cependant, au-delà des influences antiques, du goût baroque et des prémices classiques, **Corneille propose une vision morale inédite du mythe de Médée**. De fait, tentant de « mettre la chose dans un peu plus de justesse » (p. 10), le dramaturge cherche à innocenter et réhabiliter[1] **Médée en la présentant comme une figure pathétique**.

1 • Une tragédie de la réhabilitation

• Aussi paradoxal que cela puisse paraître, Médée, cette « horreur de la nature » (v. 1549, p. 103) aux yeux de Jason, n'est pas à blâmer dans la tragédie de Corneille. Le dramaturge intègre à sa version plusieurs scènes inédites qui expliquent les gestes meurtriers du personnage et réhabilitent la « femme barbare » (v. 806, p. 61). Dans ce souci explicatif, c'est à Médée que revient de rapporter l'infanticide, « ce triste ouvrage » (v. 1358, p. 93), qu'elle a commis. **Corneille ne veut plus susciter chez le spectateur l'horreur d'une mère infanticide mais mettre en lumière l'amoureuse meurtrie et trahie.** Il souhaite attirer « de son côté la faveur de l'auditoire » (p. 15), comme il le déclare dans son « Examen ».

• **Ce processus de réhabilitation culmine dans la dernière scène qui s'achève par un dénouement qui inverse la morale de l'histoire.** Ce n'est pas Médée mais Jason qui est fautif. Seul sur scène et éploré, l'époux infidèle se livre à un monologue où il s'accuse des crimes commis, innocentant indirectement Médée. Il se suicide en clamant : « Punis-toi, Jason » (v. 1620, p. 107). L'unique coupable, aux yeux de Corneille, est donc châtié.

2 • Une tragédie de la *catharsis*[2]

• Dénonçant l'injustice dont son héroïne est victime, Corneille apporte au mythe de Médée ce qui lui manquait dans les précédentes réécritures théâtrales : **la puissance cathartique**. Alors que Médée suscitait par ses crimes un sentiment de crainte, la *catharsis* peut ici opérer car Corneille choisit de souligner **la figure pathétique de femme blessée et outragée** : Médée n'inspire pas la terreur mais fait pitié. Le public est invité à éprouver de la compassion pour cette femme

---

1. Réhabiliter : excuser, racheter.

2. *Catharsis* : voir encadré dans l'anthologie, p. 115.

souffrante, à l'image de Cléonte qui incite le couple formé par Jason et Créuse à épargner Médée de leur présence : « Ôtez-vous de sa vue » leur dit-elle, « Vos présences rendraient sa douleur plus émue » (v. 198, p. 28).

- Corneille livre avec ce personnage de criminelle émouvante la première de ses tragédies fondées sur une *catharsis* qui ne suscite plus uniquement la pitié et la crainte mais provoque un troisième sentiment, plus inattendu : **l'admiration**. Rodrigue, dans *Le Cid* (1637), fera naître, plus tard chez le public, autant de sentiments contradictoires.

FICHE 2

Les personnages : monstres, criminels et héros

Si Corneille affirme vouloir représenter Médée « toute méchante qu'elle est » et ne dire « rien pour sa justification » (p. 7), sa tragédie apparaît pourtant comme la première réécriture du mythe où la femme infanticide se révèle un personnage héroïque. L'image de criminelle qui était donnée de Médée par Sénèque et Euripide, cède la place dans la tragédie de Corneille à une victime injustement persécutée. L'inhumanité, dont elle était accusée dans les réécritures antiques, se reporte chez Corneille sur tous les autres personnages qui, de Créuse à Égée en passant par Créon et Jason, sont à des degrés divers les véritables monstres de la pièce. Car, pour Corneille, Médée n'est pas l'histoire d'un monstre mais la tragédie d'une femme.

DES PERSONNAGES SECONDAIRES DE COMÉDIE OU DE TRAGÉDIE ?

Décidé à mettre en lumière l'injustice qui fait de Médée une femme « coupable ailleurs, mais innocente ici » (v. 488, p. 44), **Corneille développe le rôle de trois personnages secondaires : Créuse, Égée et Créon.** Jusque-là absents ou uniquement évoqués chez Euripide et Sénèque, ces personnages assument une fonction dramatique inédite.

1 • Créuse, une rivale ou une coquette ?

• Rivale qui précipite le destin de Médée et la condamne à un « sanglant divorce » (v. 245, p. 30), **Créuse se présente tout d'abord comme un personnage tragique.** Fille du roi Créon, elle est sur le point d'épouser Jason qui la considère comme « un objet plus beau » (v. 8, p. 17) que Médée dont elle provoque la fureur. **Corneille prend soin d'en faire l'exacte antithèse de l'épouse répudiée en la présentant comme une victime sans défense.**

• À la différence de Médée toujours intransigeante et impitoyable, **Créuse est une jeune femme clémente et compréhensive.** Elle accepte immédiatement de recueillir les enfants de Jason : « J'avais déjà pitié de leur tendre innocence » (v. 189, p. 27). À la violence de Médée qui cherche à « assouvir les fureurs de [s]on âme » (v. 1330, p. 92) répond **la naïveté de Créuse** qui accepte sans se méfier le don de la « robe fatale » (v. 1046, p. 75) qui l'empoisonne.

• Cependant, si Créuse connaît une fin tragique, **sa mort trouve, contre toute attente, son origine dans la dimension comique du personnage.** En effet, par une cruelle ironie dramatique, Corneille choisit de faire commettre à la jeune femme une *hybris*[1] qui n'appartient pas à un personnage tragique. Désirant à tout prix la robe de Médée, **Créuse s'apparente à une coquette de comédie galante[2] qui cherche à séduire et qui ne s'intéresse qu'aux belles toilettes.** Cédant à la futilité et au désir de plaire pour plaire, la jeune fille ne fait plus la différence entre Jason et la robe : « Pourvu que cette robe et Jason soient à moi » (v. 592, p. 50). Punie de sa vanité, Créuse connaît une mort qui lui ôte une qualité que Corneille réserve à Médée seule : **le pathétique[3]**.

2 • Égée, un vieillard risible ou pathétique ?

- **Personnage absent des réécritures antiques du mythe**, Égée exerce chez Corneille une double fonction dramatique.

- **Il contribue à accentuer le ridicule de Créuse**. En effet, déjà dévalorisée par ses allures de coquette, la jeune Créuse l'est également par l'amour impossible qu'elle suscite malgré elle chez Égée, « ce vieux roi d'Athènes » (v. 521, p. 46). La passion du vieillard est source de moqueries car, comme le fait remarquer ironiquement Créuse, il s'éprend d'une fille « à l'âge peu sortable » (v. 527, p. 47). **Il est assimilé au personnage de Pantalon, le vieillard indigne de la *commedia dell'Arte*, épris sans retour de très jeunes filles**. Ridiculisée, la passion du vieillard permet à Corneille d'ôter tout pathétique à la mort de Créuse, incapable de susciter un amour digne d'admiration.

- **Égée renforce, en revanche, le caractère pathétique de Médée**. Comme elle, il éprouve une véritable passion. Mais cet amour sans retour suscite la jalousie à l'égard de Jason qui lui bénéficie de l'amour de Créuse et déclenche un désir de vengeance aux scènes 4 et 5 de l'acte IV. Ainsi, dans ses stances[4], Égée apparaît à la fois comme **un personnage héroïque et pathétique** devenant même le complice de Médée en implorant justice contre Jason : « Amour, contre Jason tourne ton trait fatal ;/ Au pouvoir de tes dards je remets ma

---

1. *Hybris* : péché, faute que les personnages tragiques antiques commettent et qui les précipitent vers une inévitable mort.
2. Coquette de comédie galante : au XVIIe siècle, personnage type de comédie populaire qui fait passer sa coquetterie et sa futilité avant tout.
3. Pathétique : qui fait pitié, qui provoque la compassion du public.

4. Alors que sa tragédie obéit à des répliques en alexandrins à rimes plates, Corneille recourt ici aux stances, vers de longueurs et de rimes différentes. Elles apparaissent pour traduire le trouble d'Égée et ses hésitations.

vengeance » (v. 1197-1198, p. 84). **Indirectement, Égée permet de comprendre Médée.**

3 • Créon, un monstre de tyrannie

• Père de Créuse et roi de Corinthe, **Créon est l'opposant majeur de Médée** qui en précipite le destin et qui s'affronte violemment à elle. Dans la scène 2 de l'acte II, il l'accuse d'être « barbare » (v. 387, p. 39) et la condamne sans pitié à l'exil : « Va, purge mes États d'un monstre tel que toi ;/ Délivre mes sujets et moi-même de crainte » (v. 380-381, p. 39). Contre Médée, **le roi se fait l'avocat de Jason** : « Son crime, s'il en a, c'est de t'avoir pour femme » (v. 465, p. 43). À l'opposé d'Égée, **Créon est la figure même de l'injustice** selon Médée : « Barbare humanité, qui m'arrache à moi-même,/ Et feint de la douceur pour m'ôter à ce que j'aime ! » (v. 497-498, p. 45).

• **Inflexible et autoritaire, Créon est un monstre tyrannique** qui ne sait que donner des ordres : « Ne me réplique plus, suis la loi qui t'est faite » v. 501, p. 45). Implicite critique politique des monarques de l'époque de Corneille, **Créon est tout le contraire d'Égée et de Médée : il est un être insensible** dont le public ne peut avoir pitié. Sa mort, suite à de longues souffrances sur scène, ne suscite aucune compassion à l'instar de Jason qui, contrairement aux versions antiques du mythe, ne fait pas non plus pitié au public.

JASON, UN MONSTRE DE LÂCHETÉ

Inconstant, hypocrite, lâche et sans vertu, Jason n'est nullement, chez Corneille, une victime mais le coupable qui finit par se tuer. Loin d'être ce « malheureux » (v. 627, p. 52) que Créuse plaint, Jason n'incarne plus, comme il le fut dans les versions antiques, la figure héroïque et digne d'admiration de cette tragédie. Il est l'antithèse de Médée.

1 • Un amant inconstant et hypocrite

• À l'instar de Créuse, **Jason se présente tout d'abord comme un personnage de comédie baroque dont il emprunte deux traits fondamentaux.**

• De son propre aveu, **Jason est un amant inconstant et infidèle**. Dès la scène d'exposition, en annonçant qu'il délaisse Médée pour Créuse, il « manqu(e) de foi » (v. 60, p. 21). À l'opposé de la fidélité absolue de Médée, Jason est un homme volage : « Mon cœur, qui se partage en deux affections,/ Se laisse déchirer à mille passions » (v. 163-164, p. 26). Il est l'homme du « change » (v. 849, p. 63) amoureux.

- **Le second trait baroque de Jason est son caractère hypocrite et dissimulateur.** Contrairement à Médée toujours sincère, Jason ment sur ses sentiments. Ainsi, son amour pour Créuse relève de **l'opportunisme politique** : « Aussi je ne suis pas de ces amants vulgaires ;/ J'accommode ma flamme au bien de mes affaires ;/ Et sous quelque climat que me jette le sort,/ Par maxime d'État je me fais cet effort » (v. 29-32, p. 19).

- **Cynique et profiteur, Jason s'assimile au personnage du feinteur[1] de la comédie baroque,** qui déguise ses sentiments et que Médée démasque sans peine : « Ah ! cœur rempli de feinte,/ Tu masques tes désirs d'un faux titre de crainte ;/ Un sceptre est l'objet seul qui fait ton nouveau choix » (v. 885-887, p. 66).

2 • Un héros sans loyauté

- Cependant, là où le mensonge devient source de quiproquos comiques dans le théâtre baroque, comme avec Matamore[2] dans *L'Illusion comique*, **la tromperie de Jason prend ici une dimension tragique.** Homme à « l'âme légère » (v. 138, p. 24), Jason est **le contraire d'un héros.**

- En effet, **Jason se caractérise par son manque de loyauté** comme le remarque Pollux : « C'est montrer pour Médée un peu d'ingratitude ;/ Ce qu'elle a fait pour vous est mal récompensé » (v. 146-147, p. 24). Cet « ingrat » (v. 365, p. 38) **s'assimile même à un parjure** que Médée n'hésite pas à appeler son « perfide époux » (v. 220, p. 29). **Loin d'être ce « brave guerrier »** (v. 1085, p. 77) **adulés par tous, Jason n'est plus, dans la tragédie de Corneille, qu'un « traître »** (v. 1022, p. 74) et un **« déloyal »** (v. 1319, p. 92) selon les termes de Médée.

- Sans honneur et manquant de courage devant l'autorité de Créon, il apparaît comme un « lâche » (v. 1538, p. 103). Cependant, **cette lâcheté n'est pas physique** comme l'atteste l'acte de bravoure qu'il accomplit pour délivrer Créuse prisonnière d'Égée (IV, 1). **Pour Corneille, Jason n'est pas un héros car il fait preuve de lâcheté morale en répudiant Médée.**

---

1. Personnage de comédie baroque qui a pour caractéristique de dissimuler et feindre.

2. Personnage de soldat fanfaron et lâche hérité de la *commedia dell'Arte* et mis en scène par Corneille dans *L'Illusion comique*.

3 • Un sorcier coupable

• Achevant de renverser l'image de Jason, Corneille montre qu'il **est l'unique coupable de la tragédie**.

• **Jason apparaît tout d'abord comme le véritable sorcier de la pièce**. Alors que Médée est la magicienne qui jette contre ses ennemis des « charmes funestes » (v. 977, p. 72), seul Jason possède le don de charmer et d'ensorceler les femmes comme le souligne Égée s'adressant à Créuse : « Allez, allez Madame,/ Étaler vos appas et vanter vos mépris/ À l'infâme sorcier qui charme vos esprits » (v. 678-680, p. 54). **De fait, Jason a usé de son charme pour utiliser les charmes maléfiques de Médée afin de s'emparer de la Toison d'or et d'apparaître héroïque.**

• Jason est considéré par Corneille comme **le véritable et unique criminel** dénoncé par Médée : « Tu présumes en vain de t'en mettre à couvert ;/ Celui-là fait le crime à qui le crime sert » (v. 859-860, p. 64). Dépourvu de « haute vertu » (v. 867, p. 65) et constamment insensible, Jason ne possède en rien cette grandeur d'âme propre aux héros. Lorsqu'il prend conscience de sa culpabilité, il finit par se suicider. **Sa mort, à la fin de la pièce, renforce le pathétique du personnage de Médée**, l'unique héroïne de la pièce.

MÉDÉE, UN MONSTRE D'HÉROÏSME

Amoureuse et décidée à se venger héroïquement, Médée présente dans la tragédie de Corneille un visage inédit, celui de la victime. À l'opposé du « monstre » (v. 380, p. 39) dépeint jusque-là, Corneille fait entendre la voix de cette femme incomprise, comme pour répondre au vœu qu'elle formule dans ce plaidoyer : « Quiconque sans l'ouïr condamne un criminel,/ Son crime eût-il cent fois mérité le supplice,/ D'un juste châtiment il fait une injustice » (v. 400-402, p. 40).

1 • Une femme amoureuse et sensible

• Médée est d'abord présentée comme un monstre inhumain dans un portrait ironique dressé par Créon : « Ah ! l'innocence même, et la même candeur !/ Médée est un miroir de vertu signalée :/ Quelle inhumanité de l'avoir exilée !/ Barbare, as-tu si tôt oublié tant d'horreurs ? » v. 384-387, p. 39). Cependant, **Corneille impose progressivement l'image d'une femme sensible et humaine.** Antithèse de Jason, **Médée se révèle d'emblée fragile et vulnérable** comme Nérine le fait remarquer à Créuse et Jason : « Vos présences rendraient sa douleur plus émue » (v. 198, p. 28). Loin d'être « l'inhumaine » (v. 1587, p. 106), **Médée est le seul personnage sentimental de la pièce.**

- Contrairement à Jason, **Médée est fidèle.** En dépit des épreuves, **elle demeure une femme passionnée** qui éprouve pour Jason une « immortelle ardeur » (v. 203, p. 28) et un « immuable amour » (v. 368, p. 38). Même répudiée, Médée aime Jason, sans faillir, jusqu'au dernier instant : « Je t'aime encor, Jason, malgré ta lâcheté ;/ Je ne m'offense plus de ta légèreté : Je sens à tes regards décroître ma colère ;/ De moment en moment ma fureur se modère » (v. 911-914, p. 67-68).

- Au-delà de sa fureur intrépide, Médée apparaît surtout comme une femme blessée par l'amour, capable d'éprouver des sentiments, même lorsqu'elle est sur le point de tuer ses enfants : « Mais ma pitié renaît, et revient me braver » (v. 1352, p. 93). Médée est une femme portée par « l'impétueuse ardeur d'un courage sensible » (v. 325, p. 35).

2 • Une sorcière sans charme

- **Médée est une victime de l'amour.** Repoussant l'idée selon laquelle elle doit porter l'entière responsabilité de ses crimes, Corneille présente un personnage passionné mais lucide qui reconnaît que sa seule faute est d'être amoureuse de Jason : « Il est mon crime seul, si je suis criminelle ;/ Aimer cet inconstant, c'est tout ce que j'ai fait :/ Si vous me punissez, rendez-moi mon forfait » (v. 446-448, p. 42). Médée est une figure pathétique qui rend « de moment en moment son âme plus humaine » (v. 725, p. 58).

- **Sans défense, Médée apparaît ici comme une sorcière paradoxalement impuissante.** Elle reste sans pouvoir face à son désamour : « Misérable ! je puis adoucir des taureaux ;/ La flamme m'obéit, et je commande aux eaux ;/ L'enfer tremble, et les cieux, sitôt que je les nomme,/ Et je ne puis toucher les volontés d'un homme ! » (v. 907-910, p. 67). Vulnérable et blessée, sa fureur et sa haine ne trahissent pas la violence de la sorcière mais sa douleur aiguë et son désespoir absolu.

3 • Médée, première héroïne cornélienne

- Loin de l'image de la femme qui doit « modére[r] les bouillons de cette violence » (v. 281, p. 32), Médée est ici une femme décidée et **paradoxalement une figure héroïque.**

• Éprise de loyauté, elle **incarne la justice.** Là où tous bafouent ses droits les plus élémentaires, **elle est respectueuse de l'ordre et de ses engagements** : « Mais je hais ce désordre, et n'aime pas à voir/ Qu'il me faille pour vivre user de mon savoir » (v. 1263-1265, p. 88). Dotée d'idéaux et de hautes valeurs telles que l'amour et la fidélité, Médée se révèle **une figure de la loi qui s'oppose aux injustices.**

• **Son héroïsme naît de son courage.** Âme forte, Médée incarne une puissance morale terrible qui passe par une affirmation de soi d'une intensité inédite, ainsi qu'en témoigne cet échange avec Nérine :

« NÉRINE

Forcez l'aveuglement dont vous êtes séduite,
Pour voir en quel état le sort vous a réduite.
Votre pays vous hait, votre époux est sans foi :
Dans un si grand revers que vous reste-t-il ?

MÉDÉE

                        Moi,

Moi, dis-je, et c'est assez. »
(v. 317-321, p. 34-35).

En dépit de ses crimes, Médée devient chez Corneille une figure digne d'admiration qui accomplit jusqu'au bout ses actes sans reculer.

• En transformant dans cette tragédie l'image d'une femme condamnable en femme héroïque, deux ans avant l'avènement de Rodrigue dans *Le Cid,* le **théâtre de Corneille donne naissance à son premier héros : une femme.**

FICHE 3

Médée ou la naissance du dilemme cornélien

Choix obligatoire et arbitraire entre deux propositions contraires et contradictoires, le dilemme cornélien consiste à placer les personnages devant une décision impossible qui, inévitablement, les conduit à une issue tragique et à la mort. Rendu célèbre dans Le Cid par Rodrigue contraint de choisir entre le devoir qui l'oblige à venger la mort de son père et son mariage avec Chimène fille du meurtrier, le dilemme apparaît pour la première fois chez Corneille dans Médée. Abandonnée par Jason dont elle est toujours éprise mais désireuse de le punir de sa trahison, Médée incarne plus qu'aucun autre personnage le dilemme cornélien que résume la question posée à son propos par Pollux dès le début de la pièce : « Dieux ! et que fera-t-elle ? » (v. 9, p. 17).

UNE LOGIQUE DRAMATIQUE SANS ISSUE

Convaincu de l'innocence de Médée, Corneille construit l'intrigue de sa tragédie en montrant que son héroïne est victime des choix injustes des autres personnages qui l'oppriment. Enfermée dans une logique dramatique sans issue, Médée doit-elle se venger de l'affront que lui fait Jason au risque de perdre Jason lui-même ou se résigner à prendre « patience » (v. 14, p. 18) ?

1 • Une situation cruelle et barbare

• **Le dilemme de Médée naît des choix opérés par Jason et Créon qui ont décidé pour elle sans même la consulter.** Avant que Médée ne puisse se prononcer, comme le dit Pollux, la pièce s'ouvre sur « l'affaire résolue » (v. 142, p. 24) : elle doit être bannie pour que Jason puisse épouser Créuse. De fait, ces désastreuses et fatales décisions condamnent l'héroïne à une situation sans issue. Médée n'a ainsi plus d'autre alternative que celle de « délibérer, et choisir le quartier » (v. 503, p. 45) de son exil.

• Contrainte de faire face à cet « injuste affront » (v. 455, p. 43), Médée est exposée à une situation cruelle bien différente de celle de Créuse, sa rivale. En effet, contrairement à Médée, Créuse a le choix, un choix qu'elle met sans cesse en avant comme lorsqu'elle dit préférer Jason à Égée : « Et vous reconnaîtrez que je ne vous préfère/ Que le bien de l'État, mon pays et mon père./ Voilà ce qui m'oblige au choix d'un autre époux » (v. 673-675, p. 54). **À l'impuissance de Médée à pouvoir**

choisir répond ironiquement et cruellement la futilité et l'indécence des décisions de Créuse qui vont jusqu'à louer le goût vestimentaire de Médée : « Qu'elle a fait un beau choix ! » (v. 579, p. 49).

2 • Un affrontement entre des valeurs inconciliables

- Cependant, même privée de liberté d'action, Médée n'accepte pas cette décision irrévocable qui lui ôte toute alternative possible : **elle veut choisir malgré tout et redevenir maîtresse de son destin**. C'est ce que constate Créon : « Quel indomptable esprit ! quel arrogant maintien/ Accompagnait l'orgueil d'un si long entretien !/ A-t-elle rien fléchi de son humeur altière ? » (v. 507-509, p. 45).

- Pour accomplir sa vengeance, Médée choisit de tuer tout d'abord Créon et Créuse. Voulant faire « quelque chose de pis pour [s]on perfide époux » (v. 220, p. 29), elle décide ensuite de tuer ses propres enfants pour le toucher au cœur : « Il aime ses enfants, ce courage inflexible :/ Son faible est découvert ; par eux il est sensible » (v. 945-946, p. 69). C'est alors que surgit **le dilemme de Médée : osera-t-elle tuer ses propres enfants ? Un tel choix est-il possible ?**

- De fait, pour punir « l'auteur de cette trahison » (v. 103, p. 23), Médée se confronte désormais à un choix impossible qui, quelle que soit l'option adoptée, aura des conséquences destructrices : **tuer ses enfants qu'elle aime** mais qu'elle doit pourtant sacrifier à sa vengeance contre Jason **ou bien renoncer à les tuer et perdre son honneur et toute possibilité de se venger** de son perfide époux. Elle ne sait que choisir et expose son dilemme dans un monologue délibératif[1] (V, 2) : « Puis, cédant tout à coup la place à ma fureur,/ J'adore les projets qui me faisaient horreur :/ De l'amour aussitôt je passe à la colère,/ Des sentiments de femme aux tendresses de mère » (v. 1343-1346, p. 93). Comme Rodrigue, et tous les héros tragiques cornéliens qui suivront, **Médée est déjà écartelée entre deux valeurs inconciliables : l'amour et l'honneur**.

UNE ISSUE TRAGIQUE ET ARISTOCRATIQUE AU DILEMME

Cependant, alors que la situation paraît sans solution, se produit l'impensable : en dépit de ses hésitations et de ses « pensers irrésolus » (v. 1347, p. 93), Médée choisit de tuer ses enfants. Sacrifiant son amour maternel, **elle opère un coup de**

---

1. Monologue délibératif : monologue dans lequel, par un jeu de questions et de réponses, le personnage finit par prendre une décision irréversible.

théâtre qui lui permet de se libérer de ses ennemis et d'affirmer sa morale aristocratique, c'est-à-dire sa supériorité morale sur les autres personnages. Pour Corneille, seules les âmes nobles et pures comme Médée peuvent résoudre de tels dilemmes.

1 • Des renversements de situation

• Plus que jamais décidée à ne pas subir, Médée opère **un premier renversement** dramatique en trouvant une issue à son dilemme. A la fin de son monologue délibératif, elle choisit de sauver son honneur en affirmant sa vengeance contre Jason et en optant pour l'infanticide : « Je n'exécute rien, et mon âme éperdue/ Entre deux passions demeure suspendue./ N'en délibérons plus, mon bras en résoudra./ Je vous perds, mes enfants ; mais Jason vous perdra » (v. 1353-1356, p. 93). Même si elle se révèle fatale et cruelle, la résolution du dilemme par l'assassinat de « ces petits héros » (v. 1126, p. 80) apparaît comme un sursaut de Médée contre le sort et s'impose comme un levier dramaturgique pour précipiter le dénouement de la pièce.

• À partir de cette décision qui pousse Médée à accomplir « ce triste ouvrage » (v. 1358, p. 93), Corneille prend soin dès la scène suivante d'opérer **un deuxième renversement de situation** avec les morts successives de Créon et Créuse. Tous ceux qui n'avaient laissé aucune alternative à Médée n'en ont plus désormais aucune. Ironiquement, Corneille leur laisse le choix entre mourir et mourir dans de terribles souffrances, ainsi que le reconnaît Créuse à l'agonie : « Et je crois qu'Ixion au choix des châtiments/ Préférerait sa roue à mes embrasements » (v. 1387-1388, p. 95). **Indignes de tout dilemme, ils n'ont d'autre solution que de périr.**

2 • Une grandeur morale

• Par cet infanticide avec lequel elle réalise son « chef-d'œuvre » (v. 253, p. 31), Médée démontre que le dilemme peut constituer **un acte de bravoure**. Ce dilemme que Corneille impose à Médée s'affirme ainsi comme **une épreuve morale destinée à révéler ceux qui font preuve de la grandeur d'âme nécessaire devant l'adversité**. Défendre son honneur est l'unique alternative au déshonneur qu'incarne Jason, réduit de son propre aveu à l'impuissance, aux lamentations d'un « pauvre amant » (v. 1605, p. 106) qui n'a plus qu'à se tuer pour se punir lui-même.

• Au-delà de l'héroïsme, Corneille montre ici qu'**en dépassant le dilemme** et en lui trouvant une issue, **Médée fait preuve d'une grandeur morale qui la dis-**

tingue des autres personnages. Indomptable et emplie « et d'orgueil et d'audace » (v. 377, p. 39), Médée est une femme libre qui se distingue du reste des hommes, une femme supérieure à tous par le courage de ses décisions, d'où sa fuite finale aérienne qui prend un sens symbolique. Apparaissant au moment de son triomphe « *en haut sur un balcon* » (p. 103) ou encore « *en l'air dans un char tiré par deux dragons* » (p. 104), Médée prend physiquement de la hauteur, un mouvement d'élévation qui renvoie à sa supériorité morale. Reine du ciel et des airs, elle retrouve une liberté sans limite là où Jason vaincu est désormais prisonnier de son sort fatal. **Médée est redevenue maîtresse de son destin.**

• En accordant ce « triomphe à Médée » (v. 1618, p. 107), **Corneille donne une ultime valeur politique à la résolution par l'infanticide du dilemme.** Au-dessus de la loi des hommes, des pères et des rois, Médée incarne la puissance de révolte personnelle de l'individu face à des choix illégitimes et à la violence de la tyrannie. Dans un paradoxe qui fait la richesse et l'ambiguïté du théâtre de Corneille, **Médée touche au sublime, cette grandeur morale qui rend le crime le plus horrible acceptable.**

ÉCRIT

Violence et passion | SUJET D'ÉCRIT 1 |

Objets d'étude:
Le théâtre, texte et représentation
La poésie et la quête du sens

DOCUMENTS *(Les documents figurent dans l'anthologie p. 121 à 147)*

- **SÉNÈQUE**, *Médée* (60 ap. J.-C.) ♦ acte V, scène 1, p. 121 → texte 3
- **PIERRE CORNEILLE**, *Médée* (1635) ♦ acte I, scène 4, v. 241-272, p. 30
- **ANDRÉ CHÉNIER**, « Médée », *Bucoliques* (1785-1787) ♦ p. 137 → texte 7
- **LAURENT GAUDÉ**, *Médée Kali* (2003) ♦ acte V, p. 147 → texte 11

QUESTIONS SUR LE CORPUS

1 Vous montrerez quels sont les sentiments exprimés dans chacun des extraits. Quel en est le registre?

2 En quoi la violence est-elle ici spectaculaire? Par quelle figure de style s'exprime-t-elle?

TRAVAUX D'ÉCRITURE

Commentaire (séries générales)

Vous ferez le commentaire du texte de Laurent Gaudé (texte 11)

Commentaire (séries technologiques)

Vous ferez le commentaire du texte de Laurent Gaudé (texte 11) en vous aidant des pistes de lecture suivantes:
– Vous montrerez tout d'abord comment s'exprime la douleur maternelle et par quel registre. Vous insisterez sur l'impossibilité de la mère à communiquer avec ses enfants.
– Vous analyserez la dimension poétique de ce monologue en mettant en évidence le registre lyrique.

Dissertation

En définissant le théâtre de la cruauté, le poète et critique Antonin Artaud indique: «Nous ne sommes pas libres. Et le ciel peut encore nous tomber sur la tête. Et le théâtre est fait pour nous apprendre d'abord cela. » Vous donnerez votre avis sur cette phrase en vous appuyant sur les textes du corpus et vos lectures personnelles.

Écriture d'invention

Dans une lettre adressée à Médée, Jason expose à son épouse ses sentiments lorsqu'elle accomplit pour lui ses exploits pour conquérir la Toison d'or. Vous rédigerez la lettre en prenant soin d'exprimer à la fois l'horreur et la passion que ces crimes suscitent en lui.

ÉCRIT

Parler et agir sur scène | SUJET D'ÉCRIT 2 |

Objets d'étude :
Le théâtre, texte et représentation
Genres et formes de l'argumentation

DOCUMENTS *(Les documents figurent dans l'anthologie p. 117 à 140)*

- EURIPIDE, *Médée* (431 av. J.-C.) ♦ p. 117 → texte 1
- JEAN DE LA PÉRUSE, *Médée* (1553) ♦ acte II, p. 126 → texte 4
- PIERRE CORNEILLE, *Médée* (1635) ♦ acte V, scène 3, v. 1327-1358, p. 92-93
- CATULLE MENDÈS, *Médée* (1898) ♦ acte II, p. 140 → texte 9

QUESTIONS SUR LE CORPUS

1 En vous appuyant sur les documents présentés, vous montrerez comment, par la parole, les personnages donnent à voir leurs actions. Par quelle figure de style ?

2 Montrez en quoi ces monologues et ces tirades s'organisent sur un jeu de questions-réponses qui traduisent la solitude des personnages.

TRAVAUX D'ÉCRITURE

Commentaire (séries générales)

Vous ferez le commentaire du texte de Catulle Mendès (texte 9)

Commentaire (séries technologiques)

Vous ferez le commentaire du texte de Catulle Mendès (texte 9) en vous aidant des pistes de lecture suivantes :
– Vous montrerez que dans cette tirade Médée hésite encore à tuer ses enfants. En quoi est-elle exposée à un dilemme tragique ?
– Vous montrerez que les registres lyrique et pathétique permettent de rendre cette tirade vivante.

Dissertation

En vous appuyant sur les textes du corpus et votre culture personnelle, vous vous demanderez dans quelle mesure, comme le dit Molière, « le théâtre n'est fait que pour être vu ».

Écriture d'invention

Demeuré seul en scène après avoir écouté la tirade de leur mère évoquant leur meurtre prochain, un des enfants de Médée prend à son tour la parole. En utilisant les registres tragique et pathétique, vous écrirez son monologue faisant à la fois part de sa terreur et sa surprise.

ORAL

Une scène d'exposition tragique

| SUJET D'ORAL 1 |

- **PIERRE CORNEILLE**, *Médée*, (1635), acte I, scène 1 → v. 1-96

QUESTION

Montrez comment se met en place dès cette première scène le sort tragique réservé à Médée.

Pour vous aider à répondre

a Montrez que Corneille se sert de Pollux pour exposer l'intrigue.
b Pourquoi peut-on dire que Jason fait preuve d'ingratitude à l'égard de Médée ?
c En quoi Médée apparaît-elle immédiatement comme une victime ?

COMME À L'ENTRETIEN

1 Selon vous, Jason est-il sincère lorsqu'il parle de son amour pour Créuse ?

2 Trouvez-vous que Jason développe longuement ses sentiments pour Médée ? Pourquoi ?

3 Corneille parle dans son «Examen» de 1660 de Pollux comme faisant partie de ces «personnage protatiques» : que signifie cette expression et comment Pollux permet-il l'exposé de l'intrigue ?

4 Pour Pollux, Médée va inévitablement se venger. Relevez ce qui le montre dans les répliques des personnages.

5 Pourquoi le destin est-il déjà en marche ici ? Quelle est l'injustice commise ? Les dieux sont-ils responsables comme souvent dans la tragédie ?

ORAL

Un dénouement sans pitié

| SUJET D'ORAL 2 |

● **PIERRE CORNEILLE**, *Médée*, (1635), acte V, scène 7 → v. 1581-1628

QUESTION

Montrez comment Jason comprend ici qu'il est le seul coupable de cette tragédie ?

Pour vous aider à répondre
a Pourquoi Jason en vient à se suicider ?
b Le personnage parvient-il à se défendre et s'innocenter ?
c Pourquoi le tragique de ce suicide ne s'accompagne-t-il cependant pas de pathétique ?

COMME À L'ENTRETIEN

1 Peut-on parler ici d'un monologue délibératif symétrique à celui de Médée à l'acte V, scène 2 ? Quelles sont les différences ?

2 Ce suicide final permet-il à Jason de retrouver son honneur de héros perdu ?

3 Pourquoi l'infanticide de Médée ne laisse-t-il aucun choix à Jason ?

4 Pourquoi Jason apparaît-il sincère pour la première fois de la pièce ?

5 Que cherche à démontrer Corneille par ce suicide final ? En quoi sert-il sa défense de Médée ?

LECTURE DE L'IMAGE

Une peinture symboliste du mythe de Médée

| LECTURE 1 |

DOCUMENT

• **GUSTAVE MOREAU (1826-1898)**, *Jason et Médée* (1865) → image en 2ᵉ de couverture

Peintre et graveur français, Gustave Moreau est essentiellement connu pour ses toiles symbolistes qui s'inspirent des grands maîtres de la Renaissance. À leur imitation, il choisit souvent des sujets tirés de l'Antiquité comme ici pour *Jason et Médée* qui présente le couple au moment de leur rencontre amoureuse.

QUESTIONS

1 Quelle est la composition de la peinture ?

2 Montrez à quel épisode du mythe de Médée Gustave Moreau fait référence ici ?

3 En quoi Médée apparaît pour Gustave Moreau comme une femme amoureuse ? Mettez cette peinture en parallèle avec le sonnet de José-Maria de Heredia qui s'en inspire (p. 139).

LECTURE DE L'IMAGE

Une Médée cinématographique

| LECTURE 2 |

DOCUMENT

- **PIER PAOLO PASOLINI (1922-1975)**, *Médée* (1969) → image en 3e de couverture

Réalisateur et poète italien, Pier Paolo Pasolini réalise avec *Médée* un film où il adapte le mythe de la femme magicienne en s'inspirant de la tragédie d'Euripide. Il choisit cependant d'en atténuer la violence afin de montrer une épouse meurtrie à la dignité et à la force d'âme admirables.

QUESTIONS

1 Pourquoi à votre avis Pasolini a-t-il choisi la cantatrice d'opéra Maria Callas pour incarner Médée ?

2 En quoi cette image traduit-elle la douleur et la rage du personnage ?

3 Quelle est le sens des voiles noirs que porte Médée ?

6 Abbé Prévost
Manon Lescaut

41 Balzac
Le Chef-d'œuvre inconnu
Sarrasine

47 Balzac
Le Colonel Chabert

11 Balzac
La Duchesse de Langeais
Ferragus - La Fille aux yeux d'or

53 Balzac
La Femme de trente ans

3 Balzac
La Peau de chagrin

34 Balzac
Le Père Goriot

73 Barbey d'Aurevilly
Le Chevalier des Touches

42 Barbey d'Aurevilly
Les Diaboliques

20 Baudelaire
Les Fleurs du mal
Mon cœur mis à nu

61 Baudelaire
Le Spleen de Paris (Petits Poèmes en prose) suivi d'une **anthologie sur le poème en prose**

55 Beaumarchais
Le Barbier de Séville

15 Beaumarchais
Le Mariage de Figaro
Essai sur le genre dramatique

83 Brisville (J.-C)
Le Souper

59 Chateaubriand
René

51 Corneille
Le Cid

2 Corneille
L'Illusion comique et autres textes sur **le théâtre dans le théâtre**

87 Corneille
Médée suivi d'une **anthologie sur le mythe de Médée**

38 Diderot
Jacques le Fataliste

66 Diderot
Supplément au Voyage de Bougainville

80 Durringer
Ex-voto

62 Flaubert
L'Éducation sentimentale

17 Flaubert
Madame Bovary
Un cœur simple

44 Flaubert
Trois Contes

4 Hugo
Le Dernier Jour d'un condamné et autres textes sur **la peine de mort**

60 Hugo
Hernani

21 Hugo
Ruy Blas

8 Jarry
Ubu roi

5 Laclos
Les Liaisons dangereuses

14 Lafayette (Mme de)
La Princesse de Clèves
La Princesse de Montpensier

70 La Fontaine
Fables

78 Laroui
De quel amour blessé

82 Anthologie
Écrire, publier, lire

75 Marivaux
Les Acteurs de bonne foi

50 Marivaux
La Double Inconstance

46 Marivaux
L'Île des Esclaves

12 Marivaux
Le Jeu de l'amour et du hasard
L'Épreuve

30 Maupassant
Bel-Ami

52 Maupassant
Le Horla et autres
nouvelles fantastiques

18 Maupassant
Nouvelles

27 Maupassant
Pierre et Jean suivi de
trois nouvelles réalistes

40 Maupassant
Une vie et autres **récits de destins**
de femmes

48 Mérimée
Carmen - Les Âmes du purgatoire

74 Mérimée
Lokis

1 Molière
Dom Juan

19 Molière
L'École des femmes
La critique de l'École
des femmes

25 Molière
Le Misanthrope et autres textes
sur **l'honnête homme**

9 Molière
Le Tartuffe ou l'Imposteur
Lettre sur la comédie de
l'Imposteur

86 Montaigne
Essais
et autres textes
sur **la question de l'homme**

45 Montesquieu
Lettres persanes

81 Musset
Les Caprices de Marianne

10 Musset
Lorenzaccio et autres textes
sur **la question politique**

54 Musset
On ne badine pas avec l'amour

35 La poésie
française au XIXe siècle

26 Rabelais
Pantagruel - Gargantua

1 Racine
Andromaque

22 Racine
Bérénice

45 Racine
Britannicus

7 Racine
Phèdre

64 Rimbaud
Poésies
(Poésies - Une saison en enfer
Illuminations)

79 Rotrou
Le Véritable Saint Genest

37 Rostand
Cyrano de Bergerac
Lettres de Cyrano de Bergerac

68 Sophocle
Œdipe-roi

69 Shakespeare
Hamlet

72 Shakespeare
Roméo et Juliette

65 Stendhal
Les Cenci

32 Stendhal
Le Rouge et le Noir

77 Trouillot
Bicentenaire

67 Verlaine
Poèmes saturniens et autres recueils (Fêtes galantes - Romances sans paroles)

84 Vigny
Chatterton

13 Voltaire
Candide ou l'optimisme

24 Voltaire
L'ingénu

56 Voltaire
Micromégas et autres contes

33 Voltaire
Zadig

63 Zola
Au Bonheur des Dames

29 Zola
L'Assommoir

85 Zola
La Bête humaine et autres textes sur **la figure du criminel**

49 Zola
La Curée

76 Zola
La Fortune des Rougon

28 Zola
Germinal

43 Zola
Thérèse Raquin
Un mariage d'amour

Hatier s'engage pour l'environnement en réduisant l'empreinte carbone de ses livres. Celle de cet exemplaire est de :
550 g éq. CO_2
Rendez-vous sur
www.hatier-durable.fr

PAPIER À BASE DE FIBRES CERTIFIÉES

Achevé d'imprimer par Grafica Veneta à Trebaseleghe - Italie
Dépôt légal : 96664-4/12 - Octobre 2020